培养

3~6岁宝宝

创意思维的
亲子益智游戏

陈洁／主编

辽宁科学技术出版社
·沈阳·

创意思维的培养在现代社会至关重要，它不仅是衡量一个人智力发展水平的重要标志，还是一个民族科学技术发展强大的一个重要前提。作为父母，我们都希望孩子未来能成功。而孩子成功与否，与父母对孩子的家庭教育是息息相关的。可能有家长会说孩子3岁之后，大多都开始了幼儿园生活，与自己相处的时间不是很多，教育孩子的大部分责任应该交给学校、交给老师。

在我看来，除了学校的教育之外，给予孩子良好的家庭教育是为人父母者一生最重要的事情。3~6岁属于幼儿阶段，这一时期孩子各项能力日渐成熟，视力、听力以及动作的协调性逐渐完善，大脑思维非常活跃，脑子里总是充满各种新奇的想法，喜欢追根究底。他们在接受幼儿园教育之后，仍有大量空闲时间，像放学后、节假日等。这就要求父母给予孩子一定的互动时间，这不仅有助于孩子智力的发展，对孩子心理成长也具有重要意义。

当然，给予孩子良好的家庭教育并不是一件容易的事情，不仅要求父母要成为孩子的好榜样，还要求父母在生活中给予孩子无限的爱和耐心。也就是说，在孩子空闲的时候，如果父母能抽出时间，与孩子一起玩，创造机会让孩子多看、多听、多说、多想，开阔孩子的视野，帮助孩子形成自主思维的方式，不仅能让孩子充实地度过美好的休闲时间，还能让孩子在与父母的互动中获得知识，发展想象、观察、创造等方面的能力。同时，还能增进亲子之间的亲密感情。

对于孩子创意思维的培养，有些家长可能会用孩子的成绩，或用聪明的标准来衡量，而往往忽视了孩子身上蕴涵的创造潜能。我国教育先驱陶行知曾说过："处处是创造之地，天天是创造之时，人人是创造之人。"对于孩子来说，创意源于生活，其孕育在各种新颖奇特的幻想中，萌发在无拘无束的游戏中。这就要求父母给孩子营造一个良好的家庭环境，以注重道德、情商和鼓励式的家庭教育，发挥孩子的主动性，引导孩子自由想象，打破常规、多角度思考问题以及认识事物的本质，培养孩子的探索精神、冒险精神、合作意识等能力。

父母和孩子之间的互动，是培养孩子自信心，建立安全感的过程，也是其他人无法替代的一个过程。下班后给孩子一个大大的拥抱；晚餐后陪孩子完成一个创意手工；睡觉前听孩子慢慢描述他心中的夜空……这些看似简单的行为，却可以让孩子得到很多：心理成长上的满足，思维智力的收获。日积月累，孩子会在幸福美好的家庭环境中形成日趋成熟的心智。

陈洁老师从事多年婴幼儿教育，在业内得到很多专家的肯定，并且得到了很多家长的认可。她在本书中不仅详细介绍了培养孩子创意思维的理论知识，还有针对性地设计了多种来源于生活的、切实可行的亲子益智游戏。如果您确实很忙，没有时间思考与孩子如何构建一个良好的家庭环境，发展孩子的创造力，这本书将是很好的参考指南。

这本书不带任何说教色彩，只是希望家有幼儿的父母能有效利用这些益智游戏，并根据孩子的具体成长状况举一反三，让孩子度过一个温馨、快乐的童年。

新东方教育科技集团总裁

目录 CONTENTS

第一章 培养3~4岁宝宝
创意思维的亲子益智游戏

第二章 培养4~5岁宝宝
创意思维的亲子益智游戏

第三章 培养5～6岁宝宝
创意思维的亲子益智游戏

附录：3～6岁宝宝
生长发育大事记

创意思维的
基本概念及其主要方法

创意思维在各个领域都发挥着重要的作用，在当今时代发展的趋势下，父母也越来越重视对宝宝创意思维的培养。那么，什么是创意思维？创意思维都有哪些主要的思维方法呢？

创意思维的基本概念

创意思维是指以新颖独特的思维活动揭示客观事物本质及其内在联系，并指引人去发现对问题的新的解释，从而产生前所未有的思维成果，也称创造性思维。它是一种具有创新意义的思维活动，是在集中思维的基础上，以发散思维为主导，通过获取灵感，从而取得新的具有社会意义的成果的活动，是个人智力水平高度发展的产物。因此，有意识地开发并训练宝宝的发散思维，对宝宝创意思维能力的培养具有重要的意义。

创意思维的主要方法

1.发散思维法

发散思维，又称扩散思维、辐射思维、求异思维。它是指从多种角度去思考探索问题，寻找多样化解决问题的思维。它的特点是以一个问题为中心，充分发挥人的想象力，突破原有的知识圈，从一点向四面八方想开去，从各个不同的角度或侧面进行思考，并通过知识、观念的重新组合，寻找更新更多的设想、答案或方法。从小培养宝宝的发散思维，有利于宝宝将来更好地学习知识和应用知识，提高解决问题的能力，增强竞争优势。

给宝宝准备一罐橡皮泥，放手让宝宝自由发挥、大胆创造，这些橡皮泥在宝宝的巧手下，会化作扭扭的麻花、漂亮的苹果……而这些都是宝宝运用发散思维法的结果。发散思维法，关键是要引导宝宝打破思维定式，不拘泥于传统方法，改变单一惯性思维方式，充分发挥联想、想象、猜测、推理等的发散作用，从问题的各个角度、各个方面、各个层次灵活敏捷地思考，从而获得多种新奇而又有效的方法和假设。在日常生活中，父母应积极引导宝宝运用发散思维法，如：旧报纸团一团可以是一个好玩的"皮球"，是引导宝宝通向成功的桥梁。

2.联想思维法

联想思维是指人脑记忆表象系统中，由于某种诱因导致不同表象之间发生联系的一种无固定思维方向的自由思维活动。主要思维形式包括幻想、空想、玄想。其中，幻想，尤其是科学幻想，在人们的创造活动中具有重要的作用。

举一个例子，美国园艺师恩德曼不仅善于培养西瓜，还善于联想。有一天，他从西瓜联想到醇厚甘美的酒，脑海中突然闪现出培育酒味西瓜的新想法。经过反复试验，酒香飘溢的酒味西瓜就这样被培植出来了。西瓜和酒，两种看上去毫无关联的事物，人们很难将它们连在一起，而通过恩德曼的联想，这个天方夜谭似的神话最终变成了现实，这就是联想思维法。按大脑反映事物之间的关系不同，可把联想分为相似联想、对比联想、因果联想、接近联想、自由联想。在日常生活中，一片枯叶、一首音乐……都是宝宝想象的对象。父母可广泛应用此思维方法。

3.逆向思维法

逆向思维也叫求异思维、反向思维，是指换一个完全不同的角度分析和解决问题，即在解决问题时，利用事物因和果、前和后、作用和反作用相互转换的原理，由果到因，由后到前，由反作用到作用的反向思考，以达到认识的深化，或获得创新成果的一种思维方法。

运用逆向思维法，摆脱常规思维羁绊，往往会取得意想不到的效果。司马光砸缸救人的故事，大家都很熟悉，这就是典型的运用逆向思维法的例子。有人落了水，常规的思维模式是"救人离开水"，而司马光在紧急的情况下，却能打破常规，运用了逆向思维法，将缸砸破，让水流尽，从而顺利地救出了自己的小伙伴。在生活中，和宝宝外出碰到红绿灯时，父母都会告诉宝宝"红灯停，绿灯行"。如果父母能从反向的角度问问宝宝："我们不能过马路时，是什么灯亮了呀？""汽车开动时，是什么灯亮了呀？""我们能过马路时，是什么灯亮了呀？"这些也能达到训练宝宝逆向思维的目的。

4.逻辑思维法

逻辑思维是指人们在认识过程中借助概念、判断、推理等思维形式能动地反映客观现实的理性认识过程。它是大脑的一种理性活动，把对感性认识阶段获得的各种信息材料，运用概念进行分析、判断，并按一定的逻辑关系进行推理，进而认识客观世界。

其实，在日常生活中，不论是和宝宝游戏，还是陪宝宝用餐，只要父母用心，随时都可以利用一些方法培养和训练宝宝的逻辑思维。例如，在宝宝看图认物时，父母可以针对宝宝的年龄和能力设计一些"可爱"的小错误，比如在几张蔬菜卡片中放一张水果图片……依此类推，让宝宝找出其中的错误，在潜移默化中达到锻炼宝宝逻辑思维的目的。

创意**宝宝**

必须具备的五大思维要点

每一个宝宝的潜力都是无限的，他们总会迸发出许多奇思妙想。那么，一个具有创意力的宝宝，在思维方面应具备哪些要点呢？一般来说，主要有五大要点：敏捷性、流畅性、变通性、独创性、发散性，具体表述如下：

敏捷性 敏捷性是思维品质高度发展的结果，主要表现在对任何事情都比别人更敏锐，能够细微观察周边的人、事、物不同的变化。具备这一要点的宝宝能快速地对某种变化或某些事物作出反应。例如：妈妈换了发型，宝宝能够马上察觉，并说出哪里不同。

流畅性 流畅性是指在尽可能短的时间内生成并表达出尽可能多的思维观念以及较快地适应、消化新的思想概念。宝宝的创意思维与流畅性密切相关。当宝宝的思维总是比别人来得周密、宽广，在面对提问时，能想出很多方法或是提出很多想法来解决。例如，如果明天下雨了怎么办？他能说出解决的办法，或者说出在下雨天可以做的事。

变通性 变通性是指当所给条件发现变化或在资源不足时，能变通思维，找出新的解决方法或可替代物品。具备这一要点的宝宝，思考不会死板僵化，主要表现为能随新的条件迅速地确定解决问题的方向，例如：宝宝想用颜料画画，手边却没有颜料笔，但他能想出以手指替代。

独创性 独创性主要表现为思路开阔，新奇独特，有丰富的想象力，善于联想。具有独创性的宝宝，能在传统模式中，打破常规，得到独特的解决方法。像有的宝宝总是能够利用身边的物品，自己动脑筋思考，组合成意想不到且富有创意的玩具，这就是独创性的具体表现。

发散性 当具有独创性后，还需要具有发散性，也就是要善于多角度、多层次地进行探索。例如：当宝宝会画房子时，他不只会画出房子的样子，还会进一步想出各种房子的造型，甚至会在房子的周围添画一个美丽的花园，让画面更丰富充实。这一过程的思考，宝宝能将自己的思维发散开去，获得新的体验与成功，这就是发散性的一个具体表现。

培养 3~6 岁宝宝

创意思维，成就一生的智慧

　　时代的进步需要发展，发展需要有创新型人才，创新型人才应具备的主要条件就是创意思维。一个富有创意思维的宝宝，有敏锐的观察能力，懂得思考，有解决问题的能力，而且个性也会比较开朗，挫折承受能力也较高，同时，富有创意思维的宝宝，大部分在艺术方面有不错的表现。而人的创意思维的发展始于婴幼儿时期，幼儿期是培养宝宝创造思维的关键时期，此时培养宝宝的创意思维会影响到其人生发展的全过程。

　　宝宝3岁过后，就要开始"上学"了，父母和老师认为宝宝应该掌握的知识也越来越模式化了，他们会给宝宝很多成人化的统一标准，告诉宝宝什么是对的，什么是错的；该做什么，不该做什么。当宝宝没有按照成人所给的标准去做，宝宝就会受到批评和惩罚。久而久之，宝宝为了迎合成人，会逐渐放弃自己的"天马行空、胡思乱想"，乖乖地向着成人想要的答案思考着，以便能得到成人的夸赞和奖励。这样，宝宝创意思维的发展往往会受到限制。

　　前苏联教育家卡卢夫德斯基曾说过："幼儿是我们这个星球上最勤奋的脑力劳动者，每个幼儿天生就是一个无与伦比的创造性的实验室，他们具有不受任何限制的想象力，具有无穷的不可遏制的发展趋势。"其实在3~6岁这个阶段，宝宝的想象力是非常活跃的，他们的脑子里总是充满新奇的想法，总是喜欢刨根究底地问"为什么"，总是能提出自己的想法或看法。再加上这个时期的宝宝各种感知能力日渐成熟，听力、视力以及肢体动作协调性渐渐完善，能够逐步完成甚至是独立完成各种儿童活动。综合这些来看，如果父母能继续支持、鼓励、引导宝宝，那么，宝宝的探索欲望、好奇心以及解决问题的思考力将会得到有效的发展，也就能达到培养创意思维的目的了，这对宝宝未来的人生有着重要的意义。反之，在3~6岁这个创意思维发展的关键时期，父母没有适当引导，甚至是揠苗助长，等到宝宝进入小学的制式课程中，就很难再培养宝宝的创意思维了。

给宝宝一个玩耍的空间，鼓励他展开想象的翅膀，以自己的各种知识去完成脑海中的各种构想，或将这些构想运用到实践当中，从中获得创意思维带来的丰富多彩的智慧享受。需要提醒的是，在宝宝玩耍的过程中，父母不要给宝宝任何精神上的压力，而要尊重宝宝的各种异想天开，作为打开宝宝思维的引路人，完成对宝宝创意思维的培养。因为大多数宝宝的创意思维是在玩中培养起来的。

有什么样的思维，就决定了什么样的人生；思维空间有多大，决定了一个人的人生舞台有多宽。这个社会成就的是相信奇迹，并信奉一切皆有可能的人，而不是将希望寄托在别人身上，将命运归结于宿命的人。创意思维是衡量一个人智力发展水平的重要标志，当宝宝拥有一个创意的大脑时，他得到的不仅是独具个性的解决问题的能力和对事物的认识，更重要的是他具备时代发展必须的核心竞争力。因为创意思维给予宝宝的将是一生的智慧。

3~6岁宝宝

创意思维，父母可以这样培养

　　"孩子认识世界有其独特的方式，在幼儿的世界中，不健全的逻辑嬗变为一种诗性的逻辑，不完善的科学演绎为想象的艺术。"看到路上奔驰的各种汽车时，宝宝会在脑海中闪现未来汽车的样子；看到宝马车的标志时，宝宝会兴奋地告诉妈妈那是一块圆圆的月饼；手拿一把牙签时，宝宝会摆出各种造型；看着繁星点点的夜空时，宝宝会进行一场太空之旅……宝宝的思维是丰富的，他会以其独特的方式来认识世界，这种认识方式在父母的帮助下可化为培养和训练宝宝创意思维的好方法。

接受宝宝的各种可能

　　借助生活情景创设游戏，宝宝会通过日常生活实践从周围环境的人、事等获得的相关经验，进行头脑训练、知识扩展。于是，父母与宝宝在游戏时，应鼓励宝宝通过自己的实践获得多方面的经验。在这样的过程中，宝宝会带着想象的翅膀尝试解释科学，或者萌生用舞蹈或讲故事的方式来表达自己的感知，或者动手探索、验证自己的设想……只要父母从自己做起，试着抛弃原本的传统观念，放开心胸接受各种可能性，尊重宝宝漫无边际甚至是十分离奇的想象，激发宝宝进行创意思考，其实创意无处不在。

多问宝宝几个为什么

　　牙刷除了刷牙以外，还可以用来做什么？盐一定是用来调味的吗？假如雨是彩色的会怎样？软软的棉花像什么？画画没有彩笔，用什么来代替呢？……父母将这些富有创造性的引导语言渗透到生活中，让宝宝跳出固有的想法，进行发散性思考。例如：在吃饼干时，父母可以让宝宝找出几种形状各不一样的饼干，观察这些饼干的形状有什么不一样，如：有圆形的、长方形的、三角形的、椭圆形的等。宝宝拿一个圆形的饼干咬一口，"咦，饼干变成了弯弯的月亮船了。""这个小船可以载着我和爸爸妈妈一起去太空里旅行……"新奇的故事就这样出现了，宝宝吃到的不仅仅是饼干，还吃出了丰富的想象，吃出了他那独具创意的思维。

紧抓宝宝的好奇心和探索欲望

一个有成就的人，是富有探究精神的人，他们遇到问题时会寻根究底弄清楚原因，而发现、解决问题的能力就是他们适应生活、适应未来发展的一种基本能力。3~6岁的宝宝想象力和思维很活跃，不仅对各种新奇的事物充满了兴趣，而且脑子里总是充满新奇的想法（如：树叶是钱）。紧紧抓住这个阶段宝宝认识世界的强烈好奇心和探索欲望，在各种情景中为宝宝创设解决问题的情景，鼓励宝宝主动发现并提出问题，从而激发宝宝思考，引导他在亲身体验中探寻答案，提高他解决问题的能力以及思维的敏捷性和反应的灵活性，逐步培养他的思维能力。

挖掘宝宝的独创性

生活就是游戏的场地，以宝宝为主导，在尊重宝宝天性的基础上，从微小的生活细节中挖掘、发现宝宝独具创意的一面。当您的宝宝在摆弄一个即将要被废弃的纸盒时，如果您能拿出油画棒、彩纸、胶棒等工具，提醒宝宝给这个纸盒换个装，或将纸盒改造一下，也许这个纸盒就会成为宝宝特别喜欢的且别具一格的储蓄罐。其实，很多意想不到的效果就是这样诞生的。

第一章

培养3~4岁宝宝
创意思维的
亲子益智游戏

3～4岁是宝宝语言发展、个性养成的关键期。这个阶段的宝宝喜欢问为什么，还喜欢在一个问题过后，对答案提出新的问题，并且乐此不疲地进行刨根问底的提问。这种"一万个为什么"的问题模式，是宝宝联想、发散等思维共同作用的结果，是宝宝智力发育、有强烈求知欲的一个重要表现，父母不仅要保护宝宝这种强烈的求知欲，还要在此基础上，根据宝宝生长发育的特征，引导宝宝多想、多说、多思考，培养出一个富有创意思维的宝宝。

将军与士兵

"报告，抹布拿来了，请将军验收！"
"报告，衣服穿好了，请将军检查！"
"报告，我想听故事，请将军讲个故事听吧！"

　　宝宝已经开始幼儿园生活了，他的人际交往中，有了老师和更多小朋友的参与，与人交流和与人合作的机会增多，能力也随之提高。随着游戏知识和游戏技能的增长，这个阶段的宝宝，对角色扮演的游戏也越来越感兴趣，尤其是"将军和士兵"、"老师和学生"、"医生和病人"这种指挥与被指挥的游戏。如果能将这样的情景融入生活中，用这样的对话方式进行对话，那对他来说，简直是一件可以拿到小朋友面前炫耀一整个星期的事了。

　　很多妈妈以为，满足宝宝的愿望，和他一起进行这样的角色扮演游戏，是一件很没有意义的事情，远远比不上用这个时间去帮助宝宝认识一个生字、背诵一首小诗。其实，这种观念是很不正确的，这个阶段的宝宝，他唯一的工作就是游戏，他除了获取知识之外，还有性格、思维方式等的培养，这些都和这样的游戏活动有着密切的关系。例如：在将军与士兵的角色扮演游戏中，宝宝的大脑需要对"将军"和"士兵"有一个大概的认识和模拟式的把握，然后通过对话或行动表现出来，在这一系列过程中，宝宝的逻辑思维、发散思维能力都得到了提高；陪宝宝进行故事创编，宝宝的语言表述能力、联想能力以及创造力都能得到训练；而在手工活动中，宝宝手部的精细动作、想象力也能得到训练，在手工作品完成时，宝宝还能在感受成功的喜悦的同时，培养自信心，这是他掌握知识、培养良好的性格以及思维习惯的途径，在游戏中获取的比从一个生字、一组加减法、一首小诗中获取的要多得多。

　　3~4岁宝宝的想象力较为丰富，对周围的一切事物都很关心，兴趣很浓。在他们眼中，任何一个道具都有可能勾起一个风马牛不相及的想法，任何一个问题都可以刨根究底地问到大人无法回答，这表明宝宝对这些事物都有极大的兴趣，所以努力观察、学习、询问和尽力去理解，而这个过程，正是宝宝智力发育、联想思维以及发散思维发展的过程。因此，作为父母，应该尽一切力量去培养宝宝的这种好奇心，这对宝宝的成长与发育有着重要的意义。

3~4岁宝宝智力发育快。妈妈讲的一个故事，重复几遍后，他就能完全记住，下次，妈妈再讲这个故事时，如果中间出现错误，他能很快就指出来。他不仅能记住故事和歌曲等具体的、自己体验过的事物，还能记住那些听来的、自己说过的一些抽象的事物，如：说到水果，他知道不仅包括苹果，还包括香蕉、葡萄等。

宝宝的快乐很简单：希望爸爸或妈妈能听他讲述幼儿园里的故事，一遍又一遍重复自己和好朋友的点点滴滴；满心期待又略带炫耀的神情向爸爸妈妈展示自己在幼儿园的劳动成果，也许是一件粗糙的手工制作品，也许是因为表现好奖励下来的一朵小红花，只是希望能听到一声夸赞；更加希望妈妈能放下手中的工作，满怀兴趣地陪他玩一场游戏，无论是"将军和士兵"还是"医生和病人"……他们的快乐很简单，而成长和智慧却深深地渗入在这简简单单、点点滴滴的快乐中！

这个周末，有时间，就满足宝宝一个愿望，陪他玩一场游戏，让他当一回小将军吧！

联想思维小游戏

小小劳动家

4岁宝宝·想象力丰富

智慧妈妈早准备

| 泡沫板 | 橡皮泥 | 黄豆、黑豆、绿豆等 |

天才宝贝玩出来

妈妈，我来，我来……

1 妈妈在泡沫板上铺橡皮泥，对宝宝说："春天是播种的季节，宝宝也来学播种吧。"

2 请宝宝在泡沫板上铺橡皮泥，当做植物生长的泥土。在铺橡皮泥时，妈妈鼓励宝宝根据种子的种类和数量分割"土地"。

3 土地分割好了，宝宝动手将种子都种进去。

4 种子种好了，宝宝向妈妈说一说，彩泥地里种的都是什么吧。

5 最后，妈妈和宝宝一起想象一下，种子发芽长大后会是什么样子。

创意点拨

让宝宝用橡皮泥播种，分割"土地"，想象种子在橡皮泥中生长出来的样子，培养他的想象力和动手设计能力。如果条件允许，可以在阳台的花盆中种一些种子，让宝宝亲身体验播种与植物生长。

发散思维小游戏

百变塑料袋

4岁宝宝·手指更加灵活

**智慧妈妈
早准备**

各种各样的塑料袋

**天才宝贝
玩出来**

这个是白色的塑料袋！

1 出示各种各样的塑料袋，请宝宝分别说说它们的特征，如：什么颜色，是否透明，能发出什么声音……

2 妈妈拿出一个塑料袋，问宝宝："如何用塑料袋装扮自己呢？"

3 宝宝说出答案后，妈妈将一个塑料袋套在宝宝头上。

4 宝宝展示效果，妈妈问问宝宝："这些塑料袋还能做什么，可以怎么玩？"鼓励宝宝想象并亲身体验。

创意点拨

通过这个游戏，宝宝可以了解各种塑料袋的特征。让宝宝想象有关塑料袋的游戏并亲身体验这些游戏，激发宝宝发散思维：用袋子扮演外星人，或者用袋子制作衣服，走时装秀等，体验游戏的乐趣。

发散思维小游戏

好玩的绳子

4 岁宝宝 · 愿意自己动手探索

智慧妈妈 早准备

各种各样的绳子

天才宝贝 玩出来

创意点拨

生活中随处可见绳子的"身影"，借助绳子摆造型的游戏，引导宝宝打开思维，在趣味百变的动手活动中享受探索和创造的乐趣。

1. 妈妈和宝宝各用一根绳子在地板上摆出简单的造型。

2. 互相告诉对方自己摆的造型是什么。

3. 妈妈用身体摆出一个姿势，请宝宝用绳子摆出这个姿势的造型。

4. 鼓励宝宝摆出一个姿势，让妈妈用绳子摆出这个姿势的造型。

逻辑思维小游戏

音乐瓶,摇一摇

4岁宝宝·精细动作有一定的进步

智慧妈妈早准备

绿豆　　　黄豆　　　塑料瓶

天才宝贝玩出来

创意点拨

在瓶中装豆子，摇一摇就能发出声音。如果在豆子种类、豆子数量上进行改变会怎么样呢？引导宝宝分析，并通过实践检验结果。

1.妈妈制作音乐瓶：取两个瓶子装绿豆，一个装30粒，一个装150粒。

2.妈妈和宝宝一边摇动音乐瓶一边唱歌，鼓励宝宝动手制作音乐瓶子。

3.宝宝装豆子，制作自己的音乐瓶。

4.播放音乐，让宝宝用自己制作的音乐瓶伴奏。

发散思维小游戏

有趣的纸巾

4岁宝宝·想象力丰富

智慧妈妈
早准备

一包纸巾

天才宝贝
玩出来

1, 2, 3, 妈妈, 有三层。

1 让宝宝动手抽出纸巾，探索纸巾的构成，然后请宝宝分分看，纸巾一共有几层。

2 纸巾轻轻的、软软的，将纸巾吹起来，会怎么样呀，请宝宝试一试，然后向妈妈说一说自己的感受吧。

3 将纸巾撕得更小，让宝宝吹一吹，纸巾是不是像雪花一样飘飘洒洒，或像一个个白色的精灵，跳着快乐的舞蹈呢?

4 将碎纸巾向上抛，看看它们像什么。游戏结束后，宝宝要做个勤劳的孩子，要和妈妈一起收拾整理哦。

创意点拨

这个游戏简单有趣，宝宝从中能了解纸巾的基本构成。妈妈可以从纸巾的功能上，引导宝宝发散思维：纸巾的用途大，它不仅可以帮助宝宝擦掉脏东西，还能像雪花一样飞舞，给宝宝带来快乐等。

发散思维小游戏

小金鱼吐泡泡

4岁宝宝·手指运用灵活

智慧妈妈
早准备

| 金鱼图片 | 彩纸 | 彩笔 | 剪刀 | 胶水 | 硬纸板 |

天才宝贝
玩出来

小金鱼，泡泡眼。

1 妈妈出示金鱼图片，一边告诉宝宝有关金鱼的生活习性，一边引导宝宝在金鱼图片上涂上胶水。

3 妈妈念儿歌："小金鱼，吐泡泡，金鱼泡泡一起游啊游。"然后和宝宝一起在彩纸上画出大大小小的泡泡。

2 请宝宝将涂好胶水的金鱼图片粘贴到硬纸板上。

4 画好泡泡后，妈妈用剪刀将画好的泡泡剪下来。

5 请宝宝将剪下来的泡泡用胶水粘贴到金鱼的周围。

创意点拨

对于神奇的大自然，宝宝都很感兴趣。贴泡泡，有远近的空间变化，可以发展宝宝的空间思维；不同颜色与不同大小泡泡的组合，方法多样，可以发散宝宝的思维，让宝宝自由组合、粘贴。

联想思维小游戏

剪纸真好玩

4岁宝宝·能使用剪刀

智慧妈妈早准备

彩色纸若干　　安全剪刀

天才宝贝玩出来

1 给宝宝准备一些纸和一把安全剪刀，教宝宝使用剪刀的正确方法，然后让他随意剪。

2 当宝宝剪出各种形状的纸片时，可以让他说一说，剪的像什么，激发他的想象力。

3 妈妈拿一些剪纸和宝宝一起拼成一个图案，再让宝宝描述用剪纸拼出的图案像什么。

4 宝宝描述完后，妈妈和宝宝一起讨论一下拼出的图案；最后，还可以让宝宝自己再拼出一些其他图案。

创意点拨

剪纸不仅可以增强宝宝手部的力量，促进手眼协调能力的发展，而且，宝宝可以随着纸的形状的不断改变，想象出不同的事物来，对宝宝想象力的发展也能起到很好的促进作用。

逻辑思维小游戏

猜猜礼物是什么

4岁宝宝·观察和理解能力增强

智慧妈妈早准备

纸盒

一些玩具

天才宝贝玩出来

创意点拨

根据妈妈的提示，宝宝一步步分析、推断出礼物是什么，能促进宝宝的大脑发育。还可以让宝宝用同样的方法让妈妈也来猜一猜。

1.妈妈将两个礼物装在小盒子里，然后放到宝宝面前。

2.让宝宝仔细听妈妈描述的内容，猜盒子里的礼物。描述的内容可以从物品的外形、用途、形状等方面来形容，每说一个条件都可以让宝宝猜一猜。

3.宝宝猜对了，妈妈就把礼物送给他作为奖励吧。

发散思维小游戏

小小面点师

4岁宝宝·喜欢捏橡皮泥

智慧妈妈早准备

面粉　　　盘子　　　装好水的喷壶

天才宝贝玩出来

创意点拨

在探索面粉过程中，宝宝会结合已有的生活经验得出，如：说面粉像雪一样，然后引导发散宝宝思维，用面团捏出各种造型。

1.将一些面粉倒到盘子里，让宝宝熟悉和探索，问宝宝面粉像什么？

2.让宝宝往盘子里慢慢喷水，体验面粉变成面团的变化。

3.鼓励宝宝用面团捏出面食造型，如：方形的饼干、细长的面条等。

4.妈妈和宝宝比一比，看看谁做出的造型更多、更有趣。

逻辑思维小游戏

快乐的积木保龄球

4岁宝宝·运动时间可持续更长时间

智慧妈妈 早准备

积木

皮球

天才宝贝 玩出来

搭一个什么呢？火箭、城堡……

1 妈妈拿出准备好的积木，做示范将积木搭建好。

2 引起宝宝的兴趣后，鼓励宝宝自己搭建积木。

3 积木搭成几堆后，妈妈将彼此间隔10~15厘米，宝宝试打保龄球。

4 妈妈和宝宝比赛，尝试从不同角度、不同距离来击打积木。比赛结束后，妈妈和宝宝还可以根据材料探索出更多的玩法。

创意点拨

在瞄准目标投球时，宝宝需要综合各方面的信息，如：角度、力度等，这样的游戏过程，可以锻炼宝宝的逻辑思维能力。妈妈还可以借助字母积木和宝宝玩这个游戏，激发宝宝认字母的兴趣。

发散思维小游戏

漂亮的爆竹

4岁宝宝·能剪贴、画图、系带

智慧妈妈早准备

旧报纸	彩色皱纹纸	彩纸	胶带	剪刀	胶水

天才宝贝玩出来

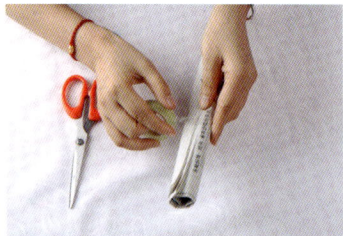

1　用旧报纸折成适当宽度，然后卷成一个圆筒状，用胶带固定好。

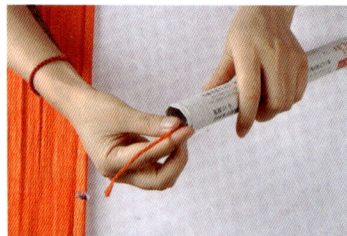

2　选一种颜色或多种颜色的皱纹纸搓成长条的纸绳，夹在报纸筒里当做爆竹的芯。

3 让宝宝给纸筒构图，想想给纸筒做什么装饰，然后动手剪裁彩纸，将剪裁好的彩纸粘贴在卷起来的报纸上，这样一个漂亮的爆竹就做好了。

哦耶，这个炮竹真有意思！

4 妈妈和宝宝看一看制作好的炮竹，想一想新年里的炮竹的样子，看看这个炮竹还可以怎么装饰。

创意点拨

通过这个富有创意的手工制作游戏，启发宝宝将一些没有关联的工具，在自己的巧手下变成一个漂亮的爆竹或者其他好玩的东西，开阔宝宝的思维，同时，宝宝还能在游戏中体验动手制作玩具的乐趣。

联想思维小游戏

摩登模特

4岁宝宝·模仿能力强

智慧妈妈早准备 培养宝宝良好的情绪

天才宝贝玩出来

我是摩登小模特，耶！

1 电视上的模特都很神气，很摩登，宝宝也来学一学模特，也摩登一下吧。妈妈和宝宝互动一下，培养宝宝游戏的兴趣。

3 一圈下来后，妈妈请宝宝给自己换换装，再请宝宝摆几个帅气的姿势，在舞台上再转一圈。

2 妈妈先请宝宝在舞台上走一圈，让宝宝摆几个帅气的姿势。

4 模特的表演结束后，请宝宝做几个自己最喜欢的动作，然后请爸爸妈妈、爷爷奶奶对小模特的表现作个评价吧。

创意点拨

这个年龄段的宝宝模仿能力强，模仿的欲望也比较强烈，妈妈可以就宝宝这种表现欲强烈的心理，给宝宝设置一个这样的表演环境，不仅能锻炼宝宝的表演能力，还能促进宝宝联想思维能力的发展。

发散思维小游戏

两种颜色混合

4岁宝宝·对颜色有初步的了解

智慧妈妈早准备

彩笔　　　　　白纸若干

天才宝贝玩出来

创意点拨

让宝宝自由作画，本身就是一个思维发散的过程。通过三幅画的对比，不同颜色的画有不同的效果，引导宝宝多角度思考问题。

1.给宝宝红色彩笔，让他在纸上自由作画，画好了妈妈帮忙收起来。

2.另外给宝宝蓝色彩笔，让他在纸上自由作画，画好了也收起来。

3.给宝宝红色和蓝色彩笔，让他用这两种颜色在纸上自由作画。

4.将画好的三幅画按顺序排整齐，请宝宝说一说它们有什么不同。

发散思维小游戏

玩转纸盒子

4岁宝宝·能区别不同颜色、大小及形状的物体

智慧妈妈早准备

大小不一的纸盒子若干

天才宝贝玩出来

创意点拨

这个游戏能帮助宝宝认识和区分立体与平面的不同。在探索纸盒的过程中，宝宝会发散思维，玩出多种方法，体验成功的快乐。

1. 妈妈出示各种式样的纸盒子，让宝宝观察纸盒子的形状，然后提问："宝宝，这些盒子是立体的还是平面的？"鼓励宝宝回答问题。

2. 把盒子放到一起，让宝宝自己玩探索游戏，如：怎样能把盒子变成平面的（把盒子分解压平就变成平面的了）。

发散思维小游戏

苹果的真相

4岁宝宝 · 充满新奇的想法

智慧妈妈早准备

苹果　水果刀　盘子　调色盘　颜料　白纸

天才宝贝玩出来

香香的大苹果，宝贝闻一闻

1 给宝宝苹果，让他观察苹果，如：看一看苹果的颜色、形状；摸一摸苹果的皮是什么感觉；捏一捏苹果的感觉；闻一闻苹果的味道。

2 把苹果横着切一半，请宝宝观察，看苹果发生了什么变化（如：切面像五角星）。

3 如果把苹果纵着切一半，会有什么不一样呢？或者把苹果切成1/4，又有什么变化呢？

4 苹果能画画吗，它会画出什么形状的画呢？宝宝和妈妈一起试试用苹果印画吧，看看苹果里面还藏着哪些秘密。

创意点拨

通过视觉观察活动，宝宝会明白一个苹果经过不同的切法会出现不同的结果。鼓励宝宝印画，并对印画内容进行分享，能激发宝宝的想象力和创造力。此游戏建议用家里不要的废苹果来做。

逻辑思维小游戏

将军与士兵

智慧妈妈早准备

4岁宝宝运动十分灵活

调动宝宝的情绪

天才宝贝玩出来

1.告诉宝宝，妈妈要和他玩一个将军与士兵的游戏。然后妈妈讲解游戏规则：由将军说命令，士兵必须快速做出与这个词相反的动作。例如：将军说举左手，士兵就举起右手；将军说踢右脚，士兵就踢左脚……

2.先由妈妈当将军，宝宝当士兵，进行第一轮游戏。接着妈妈和宝宝互换角色，继续游戏。

创意点拨

照命令做相反的动作，既可以锻炼宝宝的逆向思维，还能锻炼宝宝思维的敏捷性、流畅性以及反应能力的快慢。游戏开始时，妈妈应该给宝宝时间适应，然后再根据宝宝的具体情况逐渐加快速度。

发散思维小游戏

农夫和田鼠

智慧妈妈早准备

4岁宝宝肢体协调能力增强

花生、苹果、橘子等食物

天才宝贝玩出来

1.农夫辛苦播种，细心照料土地里的种子，可是，田鼠经常来偷吃，还把植物的茎咬断，地里的庄稼都枯萎了。根据情景妈妈和宝宝来玩一场农夫智抓田鼠的游戏。

2.妈妈和宝宝讨论游戏规则，如：农田的范围。再将准备的食物当做是农田里的粮食，然后和宝宝商量各自要扮演的角色。

创意点拨

还可以在游戏场地中添加安装"捉鼠器"的标志，无论是田鼠还是农夫，踩到就是中了暗算等。妈妈做示范后，可以鼓励宝宝想出更多的规则，开发宝宝的想象力，发展宝宝的发散思维能力。

发散思维小游戏

淀粉的奥秘

4岁宝宝·愿意自己动手探索

智慧妈妈早准备

| 淀粉 | 碘酒 | 盘子 | 喷壶 |

天才宝贝玩出来

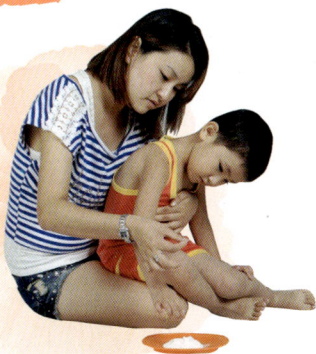

创意点拨

通过探索，宝宝发现淀粉遇水后会变成白色的粉浆；加碘酒后，淀粉会发生化学变化，变成蓝色，激发宝宝对自然现象的探索欲望。

1.将淀粉倒入盘子中，鼓励宝宝闻一闻、摸一摸或尝一尝，然后说出感受。

2.妈妈告诉宝宝这叫淀粉，是做菜时用的。

3.让宝宝用喷壶向淀粉喷水，提醒宝宝注意观察淀粉的变化。

4.拿出碘酒，取少许倒入喷壶中，让宝宝喷到淀粉上，淀粉显示蓝色。

45

发散思维小游戏

漂亮的拖鞋

4岁宝宝·会简单的手工制作

智慧妈妈早准备

| 拖鞋图片 | 彩笔 | 剪刀 | 彩纸 | 双面胶 | 白纸 |

天才宝贝玩出来

这里有青蛙拖鞋、兔子拖鞋……

1 妈妈拿出拖鞋图片，和宝宝说说它们的图案、花纹和样式。

2 拿出一张白纸，宝宝将脚丫放在白纸上，妈妈用彩笔沿脚画轮廓。

3 妈妈将画出的轮廓图剪裁下来。

4 选择一张彩纸，在彩纸上剪出4根宽约2厘米的长条，分别粘贴在2张剪裁下的小脚轮廓图的底面，作为拖鞋的鞋面。

5 宝宝试穿拖鞋，然后也为爸爸或妈妈制作一双拖鞋吧。

创意点拨

这个游戏可以让宝宝认识和了解不同拖鞋的结构和图案，萌发创意拖鞋的兴趣。拖鞋的样式有很多种，引导宝宝制作拖鞋能激发他的想象力，明白解决问题的方法有多种，有助于发散宝宝的思维。

联想思维小游戏

墨水在跳舞

4岁宝宝·有强烈的好奇心

智慧妈妈早准备

红墨水　　　　黑墨水　　　　两个玻璃杯　　　　毛笔

天才宝贝玩出来

水没有颜色，是透明的

1 将一杯装满自来水的玻璃杯放在宝宝面前，让宝宝观察水。

2 用毛笔蘸着黑墨水，将毛笔拿到水杯的上空，让宝宝观察黑墨水滴到水中的变化。

3 再拿一个玻璃杯，让宝宝观察红墨水滴到水中的变化。

4 妈妈和宝宝一起讨论水变色的原因。

创意点拨

墨水在水中会不停地运动，就像一个灵活舞动身体的舞者。通过这一富有探索性的游戏，不仅会使宝宝展开丰富的想象，得出一些富有想象力的结论，而且还能培养宝宝对自然科学的兴趣。

逻辑思维小游戏

找朋友

4岁宝宝·精细动作能力有所提高

智慧妈妈
早准备

大小不同的螺丝及螺丝帽数组

天才宝贝
玩出来

创意点拨

让宝宝进行二次类别分类或多次类别分类，是考验宝宝观察分析、判断的过程，能刺激宝宝进行思考与分析。

1.将螺丝和螺丝帽混合放在一起，让宝宝先将螺丝帽和螺丝分出来，进行第一次分类。

2.让宝宝将大小不同的螺丝帽和螺丝分别加以细分。

3.妈妈和宝宝进行比赛，看谁最快把螺丝和螺丝帽拴在一起。

逻辑思维小游戏

水枪大战

4岁宝宝·对水很感兴趣

智慧妈妈早准备

两把水枪

天才宝贝玩出来

创意点拨

通过灌水、调整角度、射击等步骤，锻炼宝宝的逻辑思维。不过要提醒宝宝玩水枪一定要先征得对方同意，不然就是不礼貌的行为。

1.给宝宝一把水枪，让宝宝观察水枪的构造，然后教宝宝使用水枪。

2.妈妈邀请宝宝："宝宝，我们到院子里用水枪玩警察和小偷的游戏吧。"

3.确定好扮演的角色，妈妈和宝宝拿着各自的水枪在院子里备战。

4.比赛结束后，比比身上的水迹，看是警察抓住了小偷，还是小偷逃跑了。

发散思维小游戏

好多面条

4岁宝宝·可以独立或合并运动自己的每一根手指

智慧妈妈
早准备

旧报纸

彩笔

天才宝贝
玩出来

我喜欢吃细细的面条。

1 妈妈拿出旧报纸，问问宝宝喜欢吃什么样的面条，如：细面条。

2 面条有细面条，有粗面条，还有一些卷卷的面条，妈妈和宝宝一起动手撕撕看吧。

3 面条不仅有不同的形状，还有不同的颜色，宝宝想一想，给这些撕好的面条染上漂亮的颜色吧。

4 最后，和妈妈一起看一看染上颜色的面条好不好看，如果好看，宝宝就和妈妈一起给其他面条也染上颜色吧。

创意点拨

请宝宝当小厨师，将报纸撕成像面条一样，用彩笔制作出不同颜色的面条，不仅可使宝宝的想象力得到开发，还能发散宝宝思维，制作出五颜六色的鸡蛋面、蔬菜面等，有助于培养宝宝的动手能力。

发散思维小游戏

相反真奇妙

4岁宝宝·能正确比较物体的大小、长短、高矮

**智慧妈妈
早准备**

相反特征明显的图片（如：大小、哭笑等）

**天才宝贝
玩出来**

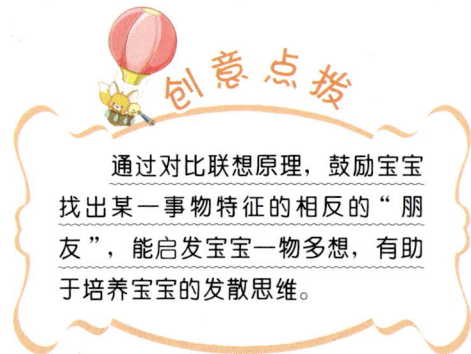

创意点拨

通过对比联想原理，鼓励宝宝找出某一事物特征的相反的"朋友"，能启发宝宝一物多想，有助于培养宝宝的发散思维。

1.出示相反特征明显的图片，让宝宝说出图片上事物的特征（如：大小、长短、高矮、哭笑等）。

2.妈妈对图片内容进行讲解，如：一张笑脸和哭脸，加深宝宝对相反的认识。出示一张图片，如：小鸟，鼓励宝宝找与图片内容相反的图片，如：大象。

3.日常用品也可以用来和宝宝玩这个游戏，如：小碗相反的朋友有大碗、大锅等。

逻辑思维小游戏

感受大自然

4岁宝宝对大自然的变化很好奇

智慧妈妈早准备

培养宝宝良好的情绪

天才宝贝玩出来

1.一个温馨甜美的午后，妈妈和宝宝到窗前，看看天空中的朵朵白云。在观察时，提醒宝宝注意云朵的变化。

2.引导宝宝描述云朵变化的样子和流动的方向，请宝宝思考一下，为什么云朵会出现这些变化。

3.请宝宝再看看窗外的花草树木，看看它们被风吹过后会有什么变化，然后描述给妈妈听。

创意点拨

大自然神奇多变，宝宝会很惊奇，妈妈只需引导他用更多美好、神奇的解释来描述这些变化。让宝宝观察大自然中的变化，能丰富宝宝想象的素材，培养宝宝对大自然的探索兴趣。

发散思维小游戏

海绵的奥秘

4岁宝宝愿意自己动手探索

智慧妈妈早准备

海绵、水、小盆

天才宝贝玩出来

1.妈妈拿出海绵，给宝宝玩，让宝宝探索干海绵是什么样的，摸起来有什么感觉。再将海绵放在小盆中，倒一些水到海绵中，让海绵把水全部吸收，然后让宝宝用手抓海绵，感受有水的海绵，再让宝宝拿一拿，感受海绵的重量。

2.在盆中倒较多水，让海绵泡在水里，再请宝宝观察放在水里的海绵又是什么样子的。

创意点拨

观察海绵变化的过程，让宝宝在观察、体验中发现新的乐趣，提高宝宝对科学奥秘的探索欲望，同时，在这一观察过程中，能启发宝宝在不同水的作用下，海绵有不同的变化。

发散思维小游戏

可爱的八爪鱼

4岁宝宝·能剪贴、画圆、系带

**智慧妈妈
早准备**

旧报纸　　　剪刀　　　透明胶带　　　彩笔

**天才宝贝
玩出来**

用力围一围，围出一个大球球！

1 将旧报纸揉成一个小球形，用透明胶带粘好。

2 妈妈和宝宝一起将剩下的报纸撕成八条细条，作为八爪鱼的爪子。

3 用胶带将撕成条状的报纸粘贴在揉好的报纸团上。

4 请宝宝用彩笔给制作好的八爪鱼画上眼睛和鼻子。

5 最后，妈妈和宝宝一起摇一摇这只八爪鱼，看看是不是很有意思。

创意点拨

这是一个集宝宝创意的手工活动，能激发宝宝发挥想象力，利用已有的生活经验缩小范围，从多种八爪鱼可能的形象中寻找出答案。通过这个游戏，宝宝的动手能力也会得到一定的发展。

逻辑思维小游戏

水中寻宝

4岁宝宝·想象力丰富

智慧妈妈早准备

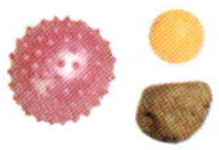

不怕水的玩具或物品 　　毛巾 　　水盆

天才宝贝玩出来

妈妈，毛巾下面都有什么呀？

1 妈妈在盆中装满水，将准备好的玩具投入水盆中，然后用毛巾盖住水盆。

2 妈妈说游戏规则：将手从毛巾的一角伸入水盆中，摸一摸毛巾下面的玩具，然后向妈妈说出它的名字，最后拿出来，看看有没有猜对。

3 开始游戏：宝宝猜出摸到的玩具的名称后，将玩具从毛巾下拿出来，看看自己有没有猜对。

4 宝宝都拿出妈妈藏在水盆里的玩具后，再跟妈妈说一说，这些玩具还能怎样玩。

创意点拨

借助水来玩这个游戏，能增加游戏的趣味性，不过要提醒宝宝注意安全。鼓励宝宝用手触摸玩具后，再猜测玩具是什么，这个过程是宝宝大脑整理信息并得出结论的过程，可以锻炼宝宝的逻辑思维。

逻辑思维小游戏

小绒球变魔术

智慧妈妈早准备

4岁宝宝能迅速地判断事物的位置

各种颜色的绒球、三个纸杯

天才宝贝玩出来

1.妈妈指着绒球，对宝宝说："宝宝，今天有好多颜色的绒球找你玩，你们来认识认识吧！""这些绒球摸起来毛绒绒的，所以大家都叫它们绒球。"

2."绒球想给宝宝变个魔术，仔细看，猜猜它们都在哪？"妈妈进行魔术演示：取三色绒球、三个纸杯，分别用纸杯将绒球扣起来，调换位置，让宝宝猜相应颜色绒球的位置。

创意点拨

看完妈妈的演示之后，宝宝所获得的答案，需要他自己根据视觉收集到的信息进行分析、判断，这一过程可以促进宝宝逻辑思维的发展，同时，还有助于训练宝宝的观察能力和视觉追踪能力。

发散思维小游戏

彩色的雨

智慧妈妈早准备

4岁宝宝对颜色有初步的了解

小喷壶、大白纸、颜料

天才宝贝玩出来

1.用小喷壶模仿下雨时的感觉，让宝宝自己体会下雨时是什么样子的。

2.在小喷壶里加入一种颜色的颜料，用水调开，喷在白色的纸上，让宝宝感受好像下了彩色的雨。再换其他颜色的颜料，让宝宝感受不同颜色的彩色雨，可以让宝宝多玩几种颜色。

3.不同颜色的彩色雨都落在白纸上，它们混在一起有什么变化，看起来像什么呢？

创意点拨

宝宝对颜色很敏感，喜欢各种鲜艳的色彩。各种颜色的彩色雨落在白纸上，就是一幅创意画。通过这个游戏，能打开宝宝的思维，启发宝宝：雨也可以有多种颜色的变化。

逻辑思维小游戏

衣服上的图案

4岁宝宝·记忆力范围越来越广

**智慧妈妈
早准备**

旧报纸   彩纸   剪刀

**天才宝贝
玩出来**

创意点拨

　　找图案，剪图案，在剪好的图案中寻找与衣服上相对应的图案，通过这一过程的训练，宝宝会通过观察，快速地完成任务。

　　1.家庭聚会时，让宝宝观察每个人的衣服，看看这些衣服上都有什么图案，并将答案告诉妈妈。

　　2.妈妈拿出准备好的材料，和宝宝一起用剪刀剪出各种图案。注意剪一些和衣服上的图形相似的图案。

　　3.让宝宝在剪裁好的图案中找出与衣服上相对应的图案。

发散思维小游戏

各种形状的饼干

4 岁宝宝·能说出各种圆形形状

**智慧妈妈
早准备**

形状不一的饼干

**天才宝贝
玩出来**

这是什么饼干呢？

1 妈妈先拿出准备好的饼干，撕开包装袋。

3 拿一个圆形饼干让宝宝咬一口，"咦，饼干变成了弯弯的月亮船了。"

2 分别拿出包装袋中的饼干，让宝宝观察，看看这些饼干的形状有什么不一样，如：有圆形的、长方形的、三角形的、椭圆形的等。

4 鼓励宝宝自己想办法，帮饼干宝宝变形。

创意点拨

食物也是宝宝游戏的一种道具，在游戏中，鼓励宝宝自己想办法给饼干变形，不仅能启发宝宝饼干也可以有多种形状变化，还能培养宝宝独立思考和解决问题的能力。

逆向思维小游戏

人行横道线

4岁宝宝·开始简单描述物体

智慧妈妈 早准备

黑色卡纸	白色卡纸	剪刀	胶水

天才宝贝 玩出来

人行横道像斑马的衣服。

1 妈妈和宝宝讨论过马路时要注意什么，如：要注意红绿灯，要走人行横道；再引导宝宝回忆人行横道的特征。

2 妈妈拿出准备好的黑白卡纸，和宝宝一起动手制作人行横道：将白色的卡纸剪成细长条。

3 白色的斑马线剪裁好了，请宝宝用胶水将斑马线粘贴到黑色卡纸上。

4 人行横道做好了，将它贴在地上，让宝宝在上面走一走，再问宝宝人行横道是用来做什么的。

创意点拨

通过过马路引出人行横道线，再到动手制作以及最后问宝宝人行横道的作用，从正反两个方面加深宝宝对人行横道的认识，不仅有助于锻炼宝宝的逆向思维，还能帮助宝宝了解简单的交通规则。

发散思维小游戏

汽车轮胎

4岁宝宝·提出问题多，爱探索

智慧妈妈早准备

汽车轮胎图片　　瓶盖

天才宝贝玩出来

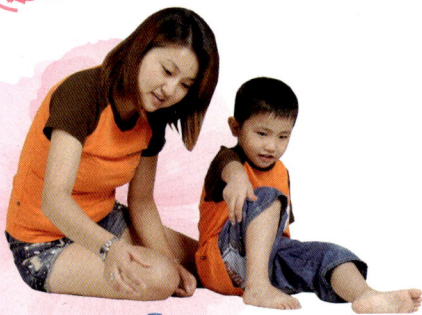

创意点拨

让宝宝通过观察发现轮胎与瓶盖具有的共同特性，并鼓励宝宝动脑想与轮胎相似的物品，有助于发展宝宝的发散思维能力。

1.妈妈出示轮胎图片，和宝宝一起讨论：轮胎硬硬的，很结实；是圆的，会滚动，汽车才能行走等。

2.妈妈出示瓶盖，让宝宝进行探索，发现瓶盖也是圆的，可以滚动，很硬；也有花纹，很像轮胎。

3.鼓励宝宝开动脑筋想一想还有哪些东西和轮胎很相似，并告诉妈妈。

发散思维小游戏

好玩的吸管

4岁宝宝 有强烈的好奇心

智慧妈妈早准备

样式、颜色、长短各不相同的吸管

天才宝贝玩出来

创意点拨

通过这个游戏，启发宝宝同是吸管却可以有颜色、长短、样式等方面的区别，还可以有不同的玩法，有益于宝宝发散思维的发展。

1.妈妈将各种各样的吸管拿给宝宝玩，让宝宝进行观察和探索。

2.当宝宝探索完这些吸管后，妈妈可以适当提问宝宝："这些各不一样的吸管都像什么呀？"鼓励宝宝回答。

3.妈妈问宝宝："吸管能用来做什么游戏呢？"让宝宝想出游戏的玩法，如：拼图，妈妈随宝宝的想法一起玩。

第二章

培养 4 ～ 5 岁宝宝

创意思维的

亲子益智游戏

4~5岁的宝宝动手能力进一步增强，观察能力也有了进一步的发展。幼儿园的生活让他们处理问题、发现乐趣的能力进一步加强，在和妈妈的互动中，他们越来越愿意作为指挥者，如：决定游戏的内容，主动充当游戏中的主角等。这个时候，妈妈要积极鼓励宝宝自己寻找解决问题的方法，并尽量想出更多的方法来解决问题，同时，还要有意识地挖掘宝宝的想象力和创造力，以达到培养孩子发散、逆向等思维的目的。

云朵上的树

小鸟啾啾生活在美丽的森林里，它最喜欢的事情，就是寻找种子四处种树。

一天，啾啾叼着一颗种子飞回自己的巢穴，那是一颗散发着粉色光芒的种子，啾啾从来没有见过，森林里的小动物也都不认识。最后，大家决定等种子发芽后再来确认它是一棵什么样的树。可是，这颗种子要种在哪里呢？浣熊认为，种在小溪里最好，有足够的水，种子就能快快发芽；小鹿说，种在泥土里更好，因为其他种子也都是在泥土里发芽、成长的；其他小动物有的认为种在石头上最好，因为这颗种子与众不同，生长的环境也应该与众不同，有的认为种在沼泽中最好，因为沼泽中营养丰富……

大家七嘴八舌地争论着，啾啾都不知道该听谁的了。它抬头看看天上的云朵，忽然，它想到了一个好办法，于是，对大家说："这颗种子这么漂亮，也应该让它在同样美丽的地方生根发芽，我们就把它种在云朵上吧！"大家听了啾啾的话，都认为这是个很好的主意。啾啾就飞到云朵上，小心翼翼地将种子种在了云朵上。

种子发芽了，长出了新的叶子，抽出了新的枝干……森林里的小动物们每天都在啾啾的描述中想象它的样子，终于有一天，小树的叶子伸到了云朵外面，接着是树枝，是更多的树叶……小动物抬头就能看到它的样子了，那真是一棵美丽的大树啊：粉红色的枝干，粉红色的树叶，在白色的云朵和蓝色的天空的映照下，格外的美丽！

当大树的枝丫上长出像喇叭花一样的花苞时，大家又发现，白天的大树很漂亮，夜晚的大树更漂亮：那些原本看不太清楚的小花苞，会像天空中闪闪发亮的小星星一样，散发出粉红色的光芒；当风儿吹过时，摇曳着的小花苞还会发出美妙的音乐声……

这是一位妈妈和她的宝宝一起编的一个小故事。生活中，有多少妈妈能静下心来和宝宝一起编故事，有多少妈妈能和宝宝一起分享彼此编出来，也许仅仅称得上顺口的童谣？

4~5岁宝宝的语言能力已经有了很好的提高，有些宝宝甚至已经达到伶牙俐齿的程度。

在这个阶段，宝宝的思维还未受到完全的限制，想象的内容天马行空，如果有妈妈肯定的鼓励和有意的引导，在编故事的活动中，宝宝的发散思维能力以及语言表达的逻辑思维能力都能得到很好的启发和发展。

四岁多的宝宝，已经习惯了幼儿园的生活，他结识了很多小朋友，在没有妈妈的陪伴下，也能开开心心地玩一个下午，可是再多的好朋友，再优秀的老师，都不可能代替妈妈，因为妈妈是宝宝心目中、生活中，永远不能被替代的一个存在。妈妈的一个故事、一个游戏、一个顺口溜……都能为宝宝带来意想不到的收获。如：云朵，天空中常见的一个自然现象，有心的妈妈，可以借助《云朵上的树》的故事，和宝宝一起讨论那棵奇妙的、会发光、会唱歌的树，甚至可以和宝宝重新编一个新的故事。这些看似简单的活动，却能训练宝宝的发散思维能力，对宝宝的想象力、创意思维能力的培养都有着重要的意义。

4~5岁宝宝思维能力的训练主要侧重于发散思维和逻辑思维。这个阶段的宝宝想象力丰富，发散思维能力能在语言能力进步的基础上，在编故事、传歌词等活动中得到锻炼和提高。而逻辑思维能力的认知还较为欠缺，他能认出几十种牌号的汽车，能滔滔不绝地复述从幼儿园里听到的故事，但是，当同样多的水由粗矮杯子中转移到高细杯子中时，他会说，水变多了。因此，在亲子互动中，妈妈可以借助一些手工制作等游戏训练宝宝的观察和推理能力，提高他的逻辑思维能力。

宝宝的学习就是游戏。游戏的内容可以是观察天空中一朵千变万化的云，可以是即兴编故事，还可以是妈妈刻意"谋划"的一个手工制作……

发散思维小游戏

玩具的小窝

5岁宝宝·会简单的手工制作

智慧妈妈早准备

彩纸　　废纸盒　　包装纸　　碎布　　玩具　　双面胶　　剪刀

天才宝贝玩出来

我给玩具做一个什么样的小窝呢?

1 妈妈拿出准备好的彩纸，和宝宝商量一下要折叠什么小装饰物，激发宝宝给玩具做小窝的兴趣。

3 将准备好的碎布垫在废纸盒里，让玩具的小窝更好看。

2 用漂亮的包装纸包装纸盒后，妈妈提示宝宝用折叠好的手工作品装饰纸盒：用双面胶将手工作品粘贴在纸盒上。

4 小纸盒变成了玩具的漂亮小窝了，宝宝赶紧把玩具放到小窝里吧。

创意点拨

为自己的玩具制作一个小窝，这样一个温馨的小提议，不仅可以锻炼宝宝的手工制作能力，还可以培养宝宝爱整洁的良好习惯。在设计玩具的小窝的过程中，妈妈可以让宝宝发散思维，让他独立思考。

发散思维小游戏

画一画,添一添

5岁宝宝·能用各种线条和图形组合成画面

智慧妈妈早准备

白纸　　　　彩笔

天才宝贝玩出来

我想想要画什么……

1 拿出一张白纸和若干支彩笔，妈妈和宝宝选择自己喜欢的彩笔。

74

2 妈妈和宝宝一起在白纸上画图，要求每人每次只能添一笔，共同完成一幅画。

3 图画画好后，宝宝给画取名字，并在白纸的右下角写上取好的名字（如果宝宝不会写，妈妈帮忙写），然后和妈妈分享自己添画的内容，讲讲自己绘画的创意。

4 妈妈也和宝宝说一说自己添画的内容和创意，然后展示作品。

创意点拨

在游戏中要求每次只画一笔，最后构成一幅有意义的画，不同于普通的单一绘画活动。要求宝宝在考虑别人的想法的同时来独立创作，不仅能提高他的绘画兴趣，还有助于培养他与人协作的能力。

75

逻辑思维小游戏

赛龙舟

5岁宝宝·对有关水的游戏很感兴趣

**智慧妈妈
早准备**

彩纸

落叶

水盆

**天才宝贝
玩出来**

创意点拨

　　用落叶作为船桨，推动纸船前进，需要宝宝综合各方面的能力，如：方向、力度等，可以提高宝宝的逻辑思维能力。

　　1.妈妈教宝宝用彩纸折船，妈妈的动作要慢一些，尽量让宝宝跟上。

　　2.船折好后，将船拿到装满水的水盆里，将水盆当做宝宝的赛场。

　　3.用准备好的落叶作为船桨，让宝宝轻轻划动水盆中的水，看船怎样才能走得快。提醒宝宝划水的动作太大，船就很容易沉。

发散思维小游戏

手指会画花

5岁宝宝·喜欢涂鸦

智慧妈妈早准备

颜料　　　　　　　调色盘　　　　　　　白纸

天才宝贝玩出来

创意点拨

引导宝宝用手指蘸颜料作画，以及将一个简单的手指画处理成一幅富有童趣的图画，有助于宝宝发散思维的培养。

1.妈妈指着颜料，告诉宝宝："我们要画一幅铺满美丽花朵的图画，可是我们只有颜料，怎么办呢？"

2.引导宝宝将自己的手指当做画笔，在纸上画出花朵的形状，如：用蘸上红颜料的手指在纸上印出梅花。

3.花朵画好后，妈妈和宝宝一起欣赏这幅独一无二的花朵画。

发散思维小游戏

苹果丰收了

5岁宝宝·手指运用灵活

智慧妈妈早准备

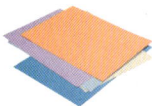

彩纸　　　　白纸　　　胶水　　　安全剪刀　　彩笔

天才宝贝玩出来

秋天到了，大象伯伯的苹果丰收了。

1 鼓励宝宝在白纸上画出他心中苹果树的样子。

2 苹果树画好了，妈妈请宝宝先给苹果树涂上颜色。

3 请宝宝选择彩纸，在纸上画出苹果的形状，然后鼓励宝宝将苹果剪下来。

4 苹果都剪好后，就让宝宝动手将苹果粘贴在苹果树上吧。

创意点拨

宝宝自己的苹果树可以是各种各样的，苹果的颜色可以是多彩的，形状也可以是各异的，这些创意由宝宝自己动手制作，有助于宝宝形成发散思维，促进宝宝对苹果进行多方面思考。

逻辑思维小游戏

猜一猜,找一找

5岁宝宝·可以完成比较复杂的拼图

智慧妈妈
早准备

铅笔　　　　油画棒　　　　白纸

天才宝贝
玩出来

这是一只蝴蝶!

1 妈妈准备几幅虚线图,让宝宝猜一猜这些东西像什么或者是什么。

3 鼓励宝宝给白纸上的图画涂色，让图画更漂亮。

2 给宝宝铅笔，让他将虚线图连接起来，将虚线图变成实线图后，再让宝宝看看他猜的答案对不对。

4 宝宝向妈妈说一说图画里面的人物、动物和色彩的变化。

创意点拨

借助图片的方式，激发宝宝进行思考的游戏富有趣味性。在游戏过程中，训练宝宝先着眼局部再顾及整体，从而认识整体再类推局部，进一步发展宝宝的逻辑思维能力。

发散思维小游戏

漂亮的沙画

5岁宝宝·小手更加灵巧，能更容易做各种精细动作

智慧妈妈早准备

| 黑色卡纸 | 胶水 | 沙子 | 棉签 |

天才宝贝玩出来

我画一个弯弯的月亮，再画一些闪闪发光的星星

1 胶水和沙子能作画吗？请宝宝想象一下；想象完后，宝宝就试试在黑色卡纸上用胶水画画吧。

2 胶水画画完后，趁胶水还没干，让宝宝赶紧将准备好的沙子撒在卡纸上。注意沙子要均匀地撒在有胶水的地方。

3 把黑色卡纸立起来，让多余的沙子掉下去，宝宝看一看，卡纸上出现了什么？

4 让宝宝用棉签将卡纸上的沙子涂抹均匀。

5 让宝宝向妈妈展示这个独一无二的作品。

创意点拨

用沙子和胶水就可以"画出"一幅画，这个游戏神奇而有趣，能激发宝宝参与的兴趣，并且能打开宝宝的思维，思考沙子和胶水之间的关系。妈妈还可以给宝宝准备彩沙，让宝宝学习色彩搭配。

发散思维小游戏

爱喝水的方便面

5岁宝宝·具有了解世界的好奇心和求知欲

智慧妈妈早准备

方便面　　　　　小盆　　　　　水壶

天才宝贝玩出来

方便面，真香啊！

1 给宝宝方便面，让他观察一下方便面长什么样，像什么，并引导他用手捏一捏，看会怎么样；闻一闻，有什么味道。

2 把方便面放入小盆中，倒上少许水，提醒宝宝看发生了什么事，然后让宝宝用手摸一摸，说说是什么感觉。

3 再倒一点水，看看方便面会怎么样，并用手摸一摸感受一下。

4 让宝宝对比干的方便面和泡开的方便面有什么不同，并和妈妈讨论不同的原因。

创意点拨

逐次对比方便面的变化，让宝宝找出方便面与水之间的关系，了解方便面吸水的基本原理。在游戏之后，妈妈还可以提问宝宝，在宝宝见过的物品中，跟方便面一样能吸水的还有什么，发散宝宝的思维。

联想思维小游戏

漂亮的彩纸花瓶

5岁宝宝·能完成更多精细活动

智慧妈妈早准备

彩纸

剪刀

铅笔

油画棒

天才宝贝玩出来

1 让宝宝观察家里的花瓶形状，并按照自己的创意画出花瓶的模型。

2 用剪刀将画好的花瓶模型剪裁出来。

3 用铅笔在花瓶上画一些花草作为装饰。

4 让宝宝用油画棒给花瓶上的花草涂上漂亮的颜色。

花瓶上有一朵美丽的花，有……

5 宝宝向妈妈展示自己的作品，然后和妈妈一起欣赏这个漂亮的花瓶吧。

创意点拨

让宝宝在对花瓶有一定认知的基础上，画出他自己的花瓶模型，然后鼓励宝宝用如花草图画装饰花瓶，能引导宝宝打开思维，发挥想象力和创造力，制作出美丽而富有创意的彩纸花瓶。

逻辑思维小游戏

我来看地图

5岁宝宝·有一定的逻辑性

智慧妈妈早准备

一幅简单的地图　　玩具小车

天才宝贝玩出来

1.拿出准备好的地图，让宝宝仔细观察，找出幼儿园和家的具体位置。

2.找到后，妈妈请宝宝拿着准备好的小车从幼儿园"开车"回家。

3.宝宝"开车"时，妈妈提醒宝宝："我们经过了超市，还有银行。"

4.游戏结束后，妈妈和宝宝一起回忆生活中常见景点或建筑所在的位置。

创意点拨

父母带宝宝外出时，可以让宝宝记住周围的主要建筑物。通过这个游戏训练，宝宝能通过已有的经验分析地图上家附近的建筑物。

大树的皮肤

逻辑思维小游戏

智慧妈妈早准备

5岁宝宝能熟练使用铅笔

放大镜、彩纸、蜡笔、铅笔

天才宝贝玩出来

1.带宝宝到附近有各种树的地方，让宝宝用放大镜观察大树的皮肤。宝宝观察后，鼓励他闭上眼睛，用手去触摸大树的纹理，并用语言表述。

2.请宝宝用纸和铅笔将大树皮肤的纹路摹印下来：将彩纸贴近树皮，用铅笔摹印下树皮的纹理。

3.用蜡笔给临摹的画涂色，然后让宝宝比较各种树皮的纹理，将发现的答案告诉给妈妈。

创意点拨

在摹印树皮时，妈妈可以给宝宝普及一些自然知识。大树都有皮肤，不过不同的树，它的树皮都是不同的，摸起来的感觉也是不一样的，帮助宝宝用多种视角了解树皮，能发散宝宝的思维。

风车转转转

发散思维小游戏

智慧妈妈早准备

5岁宝宝运动能力增强

培养宝宝良好的游戏情绪

天才宝贝玩出来

1.妈妈和宝宝躺在床上，妈妈给宝宝讲大风车的故事：美丽的小镇上有一台大风车，大风车每天转动巨轮，给人们带来电，有一天，大风车生病了……

2."大风车生病了，小镇上没有电了，宝宝想一想，要怎么帮助大风车呢？"妈妈提问宝宝。

3.鼓励宝宝想出多种办法，如：给大风车装上新发条；换上新风车扇等，然后续编成一个小故事。

创意点拨

风车的故事还可以更丰富一些，妈妈可以鼓励宝宝想象，将这个故事编得更有趣，有助于锻炼宝宝的想象力。宝宝和妈妈还可以脚心对脚心，像蹬自行车一样前后蹬动，模仿风车转动的样子。

发散思维小游戏

巧手制作圣诞树

5岁宝宝·动手能力增强

**智慧妈妈
早准备**

彩纸　　　　　铅笔　　　　　剪刀　　　　　双面胶

**天才宝贝
玩出来**

1 用铅笔在彩纸上画出圣诞树的形状。

2 用剪刀将画好的圣诞树剪裁下来。

3 在另一张彩纸上也画出一棵圣诞树，然后也剪裁下来。

4 两棵圣诞树都剪裁下来后，用双面胶将两棵圣诞树粘贴在一起。

5 给圣诞树粘贴一些图案，这样漂亮的圣诞树就完成了。

圣诞树的星星代表我的愿望。

6 宝宝向妈妈解说一下圣诞树上用来装饰的图案所代表的意义吧。

创意点拨

大自然的动植物永远是宝宝创意的最好源泉之一。让宝宝自己动手制作圣诞树，需要宝宝在对圣诞树已有的认知基础上进行想象和创作，这一思考的过程，有助于锻炼宝宝的发散思维。

发散思维小游戏

鸡蛋和盐水

5岁宝宝·开始用各种感觉器官进行探索

智慧妈妈早准备

| 鸡蛋 | 盐 | 玻璃杯 | 水壶 |

天才宝贝玩出来

妈妈，是要给鸡蛋宝宝洗澡吗？

❶ 取一个直径大于鸡蛋的玻璃杯，在杯中加入清水。

3 在清水里加盐，提醒宝宝注意观察：慢慢地，鸡蛋就浮起来了。请宝宝思考鸡蛋浮起来的原因。

2 取一个生鸡蛋放在玻璃杯中，让宝宝观察鸡蛋的变化（鸡蛋沉下去了）。

4 宝宝回答完毕，妈妈可以告诉宝宝科学道理：清水的密度比鸡蛋的密度小，所以鸡蛋下沉；盐水的密度比鸡蛋的密度大，所以鸡蛋会浮起来。

创意点拨

通过观察不同环境下鸡蛋的沉浮变化，会促使宝宝打开思维，主动思考为什么，激发宝宝探索自然科学的兴趣。对自然现象的思考，还能更深入地引导宝宝对细节问题的观察与思考。

联想思维小游戏

萝卜拼盘

5岁宝宝·想象力丰富

智慧妈妈早准备

白萝卜

胡萝卜

水果刀

盘子

天才宝贝玩出来

白萝卜白白胖胖的，胡萝卜……

1 妈妈出示洗净的白萝卜和胡萝卜，让宝宝观察比较并描述两种萝卜的外形、颜色的不同。

2 妈妈用刀将两种萝卜横切或竖切，让宝宝观察比较并描述两种萝卜的内部特征。

3 妈妈教宝宝水果刀的使用方法，让宝宝试着在两种萝卜上各切一块，不过要注意安全。

4 请宝宝将切好的萝卜摆在盘子上，做萝卜拼盘。注意尽量让宝宝自己制作。

5 宝宝向妈妈展示自己的萝卜拼盘，妈妈记得要夸奖宝宝哦！

创意点拨

让宝宝在有趣的、生活化的情境中积极主动地动手动脑，激发他发挥丰富的想象力，制作萝卜拼盘，同时在边制作边思考的过程中，训练宝宝思维的敏捷性，让他发挥无限的创意。

发散思维小游戏

漂亮的花

5岁宝宝·对美术活动很感兴趣

智慧妈妈早准备

梅花图片　　　颜料　　　吸管　　　白纸

天才宝贝玩出来

有红色的梅花，白色的梅花……

1　让宝宝观赏准备好的梅花图片，观赏后，告诉宝宝："可以用嘴巴吹出一幅漂亮的梅花图呢，宝宝试一试吧。"

2 调好颜料，妈妈示范将颜料滴一滴在白纸的下半部，用塑料管对着颜料向前吹，吹出梅树的枝干。

3 妈妈示范后，请宝宝也来吹梅树的枝干。

5 美丽的梅花画制作好了，妈妈和宝宝一起展示这幅独一无二的作品。

4 梅树的枝干吹出来后，妈妈提示宝宝："用手指蘸着调好的颜料在梅树的枝干上点上鲜艳的梅花。"

创意点拨

让宝宝用吸管吹梅树的枝干，然后用手指蘸上红色的颜料点出梅花，需要宝宝回忆梅花的相关特征，同时，也给了宝宝足够的创新空间，对宝宝的发散思维能力的发展有良好的促进作用。

发散思维小游戏

宝宝钓鱼

5岁宝宝·能制作简单的游戏道具

智慧妈妈早准备

| 彩笔 | 铁片 | 双面胶 | 毛线 | 彩纸 | 铁杆 | 剪刀 | 小盆 | 玩具海星 |

天才宝贝玩出来

钓鱼要有鱼杆、鱼饵。

妈妈和宝宝坐在地板上，讨论一下关于"钓鱼"的话题，如：需要什么工具。

2 妈妈取出准备好的材料，和宝宝一起制作钓鱼的工具：宝宝用彩笔在卡纸上画一些鱼儿的图片。

3 宝宝的小鱼画好后，妈妈用剪刀将宝宝画好的鱼儿模型剪裁下来。

5 在铁杆一头系上毛线，在毛线的另一端系上一块吸铁石，然后将小鱼和玩具海星放在小盆中，宝宝动手钓鱼吧。

4 用双面胶将准备好的小铁片贴在剪裁下来的小鱼身上。宝宝和妈妈可以多准备一些这样的小鱼。

创意点拨

　　钓鱼活动结束后，可以引导宝宝进行发散性思考，为什么能将"鱼"钓上来，不仅能丰富宝宝的科学知识，还能让宝宝在思考过程中，锻炼想象、观察以及思考等能力。

发散思维小游戏

聪明的小神探

5岁宝宝·瞬间记忆能力有所提高

**智慧妈妈
早准备**

多种宝宝喜爱的东西（如：水果、零食、玩具等）

**天才宝贝
玩出来**

创意点拨

瞬间记忆只能记住较少的东西，在游戏中，引导宝宝摸索出记忆的小窍门，如：利用类别记忆，能促进宝宝发散思维的发展。

1.妈妈出示准备好的材料，给宝宝一分钟记忆这些材料。

2.请宝宝闭上眼睛或背过身去，妈妈拿走其中某一件材料并将其藏好。

3.请宝宝睁开眼睛，仔细看桌上的材料，想一想桌上的什么东西不见了，想到了就快告诉妈妈，猜对了，这件东西就属于宝宝了。

逻辑思维小游戏

勤劳的小管家

5岁宝宝·喜欢扮演大人的角色

智慧妈妈早准备

抹布

天才宝贝玩出来

创意点拨

让宝宝做做小管家，让他告诉妈妈要做什么，如何做，不仅能锻炼他的逻辑思维能力，还有助于培养宝宝的独立性和领导能力。

1. 妈妈对宝宝说："今天由宝宝来做小管家，和妈妈一起打扫卫生。"

2. 妈妈和宝宝各拿一块抹布，然后请小管家——宝宝分配任务。

3. 宝宝分配好任务后，妈妈和宝宝各自打扫各自区域的卫生。

4. 在执行任务时，妈妈可以模仿宝宝懒惰时的表现，看看宝宝有怎样的表现。

逻辑思维小游戏

我的树叶标本

5岁宝宝·动手能力增强

**智慧妈妈
早准备**

| 形态各异的树叶 | 书籍 | 相册 | 抹布 | 便签纸 | 签字笔 |

**天才宝贝
玩出来**

这片树叶是绿色的。

1 将收集好的各种树叶拿出来，放到宝宝面前，引导宝宝观察树叶的颜色、形状。

2 请宝宝说出自己观察的结论。

3 妈妈和宝宝将树叶一片片擦干净后夹到书中压平。

4 将压平的树叶平整地放到相册中，鼓励宝宝给这些树叶取名字。

5 取好名字后，妈妈帮宝宝写到便签纸上，然后让宝宝将便签纸放到树叶标本的右下侧。

创意点拨

让宝宝动手制作树叶标本，明白树叶标本制作的先后顺序，可以发展宝宝的逻辑思维，培养宝宝的动手能力。鼓励宝宝给标本取名字，还有助于发展他的语言表达能力。

发散思维小游戏

成长卡片

5岁宝宝·善于动脑筋，喜欢表达自己的想法

智慧妈妈早准备

彩纸　　　彩笔　　　铅笔　　　剪刀　　　胶水

天才宝贝玩出来

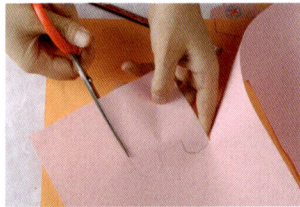

1 让宝宝在彩纸上画出自己喜欢的图形，如：小兔子、小鸟等；图片要大一些。

2 用剪刀将画好的图形剪裁下来。

3 让宝宝在彩纸上勾勒出喜欢的图形，如：草莓、桃心等，用来做记录宝宝身高体重的小纸牌。

4 用剪刀将画好的小图形剪裁下来。

5 在剪裁下来的小图形上写上宝宝的身高、体重或者心愿等。

6 将记录宝宝成长的小图形粘贴到最早剪裁下来的大图形上。

妈妈，看一看我做的成长卡片。

7 宝宝的成长卡片制作好了，宝宝向妈妈展示自己的作品吧。

创意点拨

让宝宝动手设计成长卡片，需要妈妈先提供一些造型，然后引导宝宝用发散性思维去思考，再调动宝宝的制作热情，让宝宝尽情地发挥自己的想象力，创造自己脑海中的事物。这样的手工制作不仅锻炼了宝宝的动手能力，还对宝宝的创造能力有了很好的培养。

发散思维小游戏

漂亮的花瓶宝宝

5岁宝宝·动手能力增强

智慧妈妈早准备

塑料瓶   毛线   彩纸   树枝或花朵   双面胶

天才宝贝玩出来

塑料瓶光秃秃的，一点儿都不好看。

1 妈妈拿出塑料瓶，和宝宝一起讨论如何装饰塑料瓶。

2 先用彩纸将瓶口包好，然后用毛线一圈一圈地缠绕瓶身。在绕毛线时，要缠得紧密一点，这样才会好看。

3 用准备好的彩纸制作一些手工作品，如：星星、风车、纸鹤等，然后将制作好的手工作品用双面胶粘贴在瓶口的彩纸上。

4 花瓶制作好了，宝宝试试在瓶子里插上树枝或花朵，看看这个花瓶是不是很漂亮。

创意点拨

　　利用废旧的塑料瓶制作出一个既漂亮又可爱的花瓶，不仅能培养宝宝的动手操作能力，还能提高宝宝的审美能力。鼓励宝宝用毛线或其他材料装饰花瓶，能够活跃宝宝的思维，发挥他的想象力和创造力。

发散思维小游戏

扇子面具

5岁宝宝·喜欢动手制作自己的玩具

智慧妈妈早准备

| 彩纸 | 瓦楞纸 | 枯叶 | 胶水 | 一次性筷子 | 胶带 | 铅笔 | 剪刀 |

天才宝贝玩出来

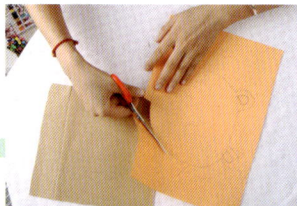

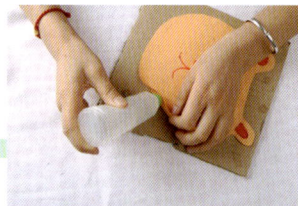

1 选一张彩纸画出小熊的轮廓图。

2 将画好的小熊剪裁下来。

3 用胶水将剪裁下来的小熊粘贴在瓦楞纸上。

4 妈妈比照宝宝的脸型，确定小熊眼睛的位置，然后将瓦楞纸抠个洞，然后画出小熊的鼻子和嘴巴。

5 将各种形状的枯叶用胶水粘贴在瓦楞纸上。

6 将一次性筷子用透明胶带粘贴在脸谱背面。

妈妈，看我在哪里？

7 宝宝握住扇柄，眼睛透过挖出的洞，向妈妈展示自己的作品吧。

创意点拨

自己制作的游戏道具会让宝宝更有成就感。宝宝制作面具的造型，需要回忆实物的具体形象，并在实物形象的基础上，发散思维进行想象，再进行设计制作，既活跃了大脑，又培养了动手能力。

发散思维小游戏

可爱的小动物

5岁宝宝·对常见的动物和实物有一定的了解

智慧妈妈早准备

动物卡片　　　　彩纸　　　　彩笔

天才宝贝玩出来

两只耳朵竖起来·蹦蹦跳跳真可爱。

妈妈拿出动物卡片，和宝宝一起认识卡片中的小动物，然后要求宝宝模仿小动物的动作。

2 妈妈可以和宝宝一起表演、模仿动物的样子。在模仿时，鼓励宝宝说一说动物的外形特征等。

3 宝宝和妈妈一起想一想，这些动物平时都吃什么，再和妈妈一起将小动物吃的食物画下来。

4 最后，妈妈和宝宝讨论一下，说说这些动物的天敌是什么，遇到天敌它们会是什么反应吧。

创意点拨

　　猫吃鱼，狗吃骨头，兔子爱吃萝卜，小动物还能吃些什么，打开宝宝的思维，让宝宝自己发挥想象来解释，他可能会将自己喜欢的糖果、巧克力也当成动物爱吃的，妈妈听到这样的答案时不要急于否定哦。

111

发散思维小游戏

花仙子的花冠

5岁宝宝·会简单的手工制作

智慧妈妈早准备

皱纹纸　　　剪刀　　　软铁丝　　　胶棒

天才宝贝玩出来

1 先将铁丝扭成一个圆形状。

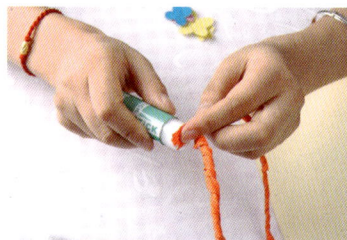

2 用皱纹纸将铁丝包裹起来，然后用胶棒将皱纹纸的两端固定好。

3 　用折、画、剪等方式制作出花朵的形状，然后再将制作好的花朵粘贴到花冠上。

4 　漂亮的花冠装饰好了，宝宝可以将花冠戴在妈妈或自己身上，看看漂不漂亮。

一、二、三、四……

5 　宝宝喜欢这个花环的话，就戴上它为妈妈跳支花仙子的舞蹈吧。宝宝跳完舞蹈之后，妈妈要记得表扬宝宝哦!

创意点拨

　　皱纹纸和铁丝可以玩出很多花样，引导宝宝发散思维进行思考，如：制作漂亮的花冠、花朵，可爱的动物等，让宝宝尽情地发挥自己的想象力，创造出自己的花冠。在游戏中，妈妈要注意宝宝的安全，最好先将铁丝部分制作好再请宝宝装饰。

113

发散思维小游戏

漂亮的牙签拼图

5岁宝宝·想象力丰富

智慧妈妈早准备

牙签若干

天才宝贝玩出来

宝贝，我们试一试用牙签拼图吧！

1 妈妈拿出准备好的牙签，告诉宝宝今天的游戏活动：用牙签玩拼图游戏。

2 妈妈用牙签拼图，给宝宝做示范；在拼图时，提醒宝宝要注意安全，小心不要被牙签扎到手。

3 鼓励宝宝自己用牙签拼图，如：拼出数字、文字、汽车、小动物、五角星、太阳、笑脸等。

4 最后，妈妈和宝宝一起比比看，看看谁拼出的图形多，谁想出的图形创意多。

创意点拨

如果宝宝认识数字，可以拼拼数字图；如果宝宝认识字母，可以拼拼字母图；如果宝宝认识几何图形，还可以拼拼正方形、长方形等。拼图的内容可以是花草树木，也可以是生活用品，妈妈鼓励宝宝自由发挥，不仅能够巩固宝宝对这些数字、生字、图形的认知，还能在活动中，提高他的发散思维能力。

联想思维小游戏

书本大变身

5岁宝宝·观察力增强

智慧妈妈早准备

几本薄厚不一的书本

天才宝贝玩出来

我来看看书吧！

1 妈妈将准备好的书本交给宝宝，让宝宝随意翻阅，引起宝宝对书本的兴趣。

2 宝宝翻阅后，妈妈让宝宝想一想，书本除了可以用来翻阅，还可以用来做什么，如：可以用来垫不平稳的桌子或椅子，可以用来压飞起的书页等。

3 妈妈将宝宝想出来的创意记录下来，鼓励宝宝动手试一试自己的想法，看看是不是能实现。

4 最后，妈妈和宝宝试试，能不能借手中的书，摆一些可爱的姿势，如：扮成一个儒雅的学者、一个勤奋爱学的学生……

创意点拨

鼓励宝宝想象书本的作用，是引导宝宝将很多与书本没有联系的事物相关联的过程，这个过程，就是开发宝宝联想思维的过程。在生活中，妈妈可以和宝宝利用身边的器材多做一些相关的游戏，帮助宝宝打开思路，更好地开发大脑思维。

发散思维小游戏

好玩的面粉

5岁宝宝·能用各种感觉器官进行探索

智慧妈妈早准备

面粉　　　　　盘子　　　　　一杯水

天才宝贝玩出来

面粉是白色的，摸着滑滑的……

1　将面粉倒入小盘子里，让宝宝观察面粉，然后鼓励他说一说面粉的特征。

2 在装满面粉的小盘子中加一些水，请宝宝认真观察加水后面粉的变化。

3 妈妈和宝宝一起和面，面和好之后，让宝宝闻一闻面粉团的味道。

4 妈妈和宝宝一起动手，用这些面粉团搓出一些造型，等爸爸回家后，宝宝可以向他展示自己的作品哦。

创意点拨

让宝宝感受面粉的世界是多么的神奇，引导宝宝进行探索，对宝宝的大脑神经发育很有好处。在探索面粉的过程中，宝宝会结合已有的生活经验提出很多问题，如：觉得像下雪一样，平时吃的饺子是不是用面粉做的，这样的思考有助于宝宝发散思维的发展。

发散思维小游戏

漂亮的昆虫

5岁宝宝·能用各种线条和图形组合成画面

智慧妈妈早准备

蜜蜂、蝴蝶、蜻蜓卡片 　　　彩笔 　　　白纸若干

天才宝贝玩出来

头、胸、腹、翅膀……

1 妈妈逐一出示蜜蜂、蝴蝶、蜻蜓三种昆虫卡片，让宝宝观察它们都有头、胸、腹、翅膀和触角。

3 妈妈鼓励宝宝将这些人类的好朋友画出来，具体的颜色选择以及图案的处理由宝宝独立完成。

2 妈妈告诉宝宝：蜜蜂可以采集蜂蜜，蝴蝶可以传播花粉，蜻蜓可以吃蚊子，它们在人类的生态圈中有很重要的作用，是人类的好朋友。

4 宝宝向妈妈展示自己的作品，妈妈要鼓励宝宝的创意哦。

创意点拨

通过这个游戏，帮助宝宝认识蜜蜂、蝴蝶和蜻蜓，激发宝宝对大自然的热爱。鼓励宝宝自由画蜜蜂、蝴蝶和蜻蜓，激发想象力，画出与众不同的图画，培养宝宝打破常规的能力，锻炼他的发散思维。

逻辑思维小游戏

颜料小魔术

5岁宝宝·具有了解世界的好奇心和求知欲

**智慧妈妈
早准备**

| 矿泉水瓶 | 一壶水 | 颜料 | 棉签 |

**天才宝贝
玩出来**

妈妈，我来装水！

1 妈妈先取一个矿泉水瓶，让宝宝在瓶中装上自来水，装2/3即可。

2 用棉签在瓶盖上点一些红色的颜料，然后再把瓶盖盖好。

3 把瓶子给宝宝，让宝宝动手摇一摇，瓶子里的水马上变成红色的了，这是为什么呢？请宝宝思考。

4 宝宝回答完毕，用其他颜色的颜料让他自己动手做一做。还可以鼓励宝宝找机会给爷爷奶奶、外公外婆、小伙伴们变一变这个小魔术哦。

创意点拨

宝宝对颜料将瓶中的水都染红了一定会感到惊奇。在观察与思考的过程中，宝宝能发现染色的水与颜料之间的联系，明白原来是水和颜料发生作用才造成水的变色，有助于他的逻辑思维能力的发展。

123

联想思维小游戏

最出色的演员

5岁宝宝·具备一定的应变能力

智慧妈妈早准备

纸杯

天才宝贝玩出来

我很生气！

好朋友吵架后会怎样，今天，妈妈就和宝宝一起来扮演这样一对吵架后的好朋友吧。

3 水翻了，好朋友——宝宝不高兴了。

2 妈妈可以先设置一个让好朋友吵架的场景，如：打翻一杯水，水全部都洒了。

4 这可怎么办呢，把水弄洒的好朋友着急了，他要想办法逗一逗好朋友开心，让他原谅自己。

5 最后，两个好朋友又和好了，他们又在一起唱歌、跳舞、游戏。

创意点拨

和宝宝扮演因为一些小事情吵架闹翻，最后又和好如初的故事，可以从游戏中，发散宝宝的思维去思考，各种逗好朋友开心的方法，如：说笑话。这个阶段的宝宝，经常会因为一些小事和小朋友闹别扭，利用这个故事可以让宝宝学会如何处理这样的事件。

发散思维小游戏

云朵上的树

5岁宝宝·想象力丰富

智慧妈妈 早准备

| 彩纸 | 胶棒 | 剪刀 | 彩笔 | 针线 |

天才宝贝 玩出来

1 选一张彩纸，在上面画出云朵的样子。

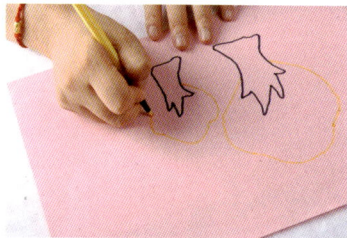

2 选择另一张彩纸，在上面画出大树。

3 将画好的云朵和大树剪裁下来。

4 将剪裁好的大树粘贴到云朵上。

云朵上的树会跟着云飘来飘去。

5 妈妈和宝宝一起说一说，这棵长在云朵上的树和其他大树有什么不同；宝宝也可以和妈妈想一想，这棵神奇的树有什么奇妙的经历。

创意点拨

有创意的对话，可以增添更多的生活乐趣，让宝宝回答"假如云朵上可以种树"这个问题，不仅可以发散宝宝的思维，妈妈也可以在宝宝的回答中得到很多乐趣。在游戏中，注意引导宝宝说出更多的创意，鼓励宝宝动脑又动手，将自己的创意表现出来。

第三章

培养 5 ~ 6 岁宝宝
创意思维的
亲子益智游戏

5~6岁的宝宝，具体运算能力已经有了较为明显的发展，他们不仅能进行简单的算术，也能够慢慢区分符号和符号所代表的意义，如：当说到"蔬菜"时，他知道不仅包括青菜、韭菜、花菜，还包括冬瓜、黄瓜、土豆等蔬菜；在考虑问题时，还能同时分析两种元素或两种关系，如：将一根长长的绳子绕成一团时，他们会知道，绳子的长短仍然没有变化，逻辑思维进步明显。在这个阶段，父母可以根据宝宝的具体能力，引导他用归纳、分析、推理等方法认识生活中的小知识，促进宝宝思维能力的发展。

公主"和"英雄"

"镜子镜子，我漂亮吗？"

五岁多的小女孩已经知道什么是丑、什么是美，她会用妈妈的化妆品、饰品等装扮自己，让自己变成童话中的公主。也许在大人的眼中，那红艳艳的嘴唇、红白相间的小脸蛋，整个就是一张滑稽的明信片，可是，在孩子的眼中，那不仅是探索妈妈化妆品的一个奇妙之旅，还是实现自己终于成为小公主的美丽梦想——也许只是一场没有观众的表演，可是，谁在乎！

"嘟嘟嘟，我是警察，小偷，给我站住！"

五岁多的小男孩，已经有了英雄的情结，他喜欢听爸爸妈妈讲述的一个又一个关于英雄的故事，喜欢手枪、卡车、变形金刚等一切可以带来刺激，供他想象自己是超人、是英雄的玩具。和小伙伴一起玩的游戏中，他无限向往的是警察的角色，对分配给自己的土匪角色深恶痛绝……大人眼中，那拿着"枪"四处追赶"敌人"的小家伙或许只是一个能闹腾、很活泼、很顽皮的孩子，可是，在孩子的世界里，这或许就是一部完整的"英雄诞生史"。

公主和英雄是很多孩子儿时的梦想，很多父母对他们沉醉于这样的游戏场景很熟悉。只是，有多少父母在看到这样的场景时，能放下手中的事情，静下被工作、生活压抑得浮躁的心，参与到孩子的世界中，在化妆台前，在家中的各个角落，陪孩子一起对着镜子画出"公主"的晚装，或者拿着"手枪"和他进行一场虚拟而真实的"星际大战"，帮他将这场"公主"或"英雄"的戏码演足呢？

很多妈妈生下宝宝后，由于各种原因又重新投入到工作中。一个又一个夜晚，抱着仍哭闹不休的孩子时，劳累一天的父母都在盼望着孩子快快长大，快快懂事。忽然之间，再看看孩子，他已经能跑能跳，站在舞台上，能顺利地跳完一支完整的舞蹈，能流利地朗诵一首优美的小诗，于是，我们就理所当然地以为，他的"公主"和"英雄"已经不需要我们来参与扮演了……

是啊，他已经五岁多了，就快要上小学了。此时，父母往往还会有一种紧迫感，总是迫不及待地想让孩子多读书识字，希望孩子能赢在小学这个起跑线上。孩子恋恋不舍的"公主"和"英雄"的游戏不仅少了父母的参与，还逐渐被读书识字替代了。玩是孩子思维发展的主导活动，其实玩也是一种学习。在紧张的工作之余，父母可以将知识融入玩中，给孩子玩的时间，并且尽量抽出时间陪孩子玩。因为在玩中，孩子没有任何的外在精神压力。这样孩子不仅能轻松学到知识，还能达到培养创意思维的目的，父母也就没有必要为孩子学不好而着急了。

如果哪一天，再听到孩子说："妈妈，你给我讲故事吧，我还想听《长发公主》的故事。"或者听他要求："妈妈，我们来做"警察和小偷"的游戏吧，石头剪子布，谁输了谁演小偷，好不好？"请你一定要满足他的愿望，因为，这不是孩子贪玩，而是他成长的一种需要，而且在以后被称为"永远"的日子里，这是你们回想起来，会快乐得流出眼泪的幸福！

联想思维小游戏

蝴蝶和蜜蜂

6岁宝宝·会自己编出一些故事情节

智慧妈妈早准备

蝴蝶和蜜蜂图片　　　　白纸　　　　彩笔

天才宝贝玩出来

这是一只紫色的蝴蝶。

1 妈妈出示准备好的图片，和宝宝一起欣赏并描述图片里的内容。

3 宝宝描述完毕，让他用铅笔在纸上画出蝴蝶和蜜蜂的样子。

2 请宝宝数一数图片中的蝴蝶和蜜蜂各有多少只，然后请宝宝描述蝴蝶和蜜蜂各自的特点。

4 宝宝画好后，再给画好的蝴蝶、蜜蜂涂涂色；然后和妈妈一起欣赏一下今天的作品吧。

创意点拨

美丽的蝴蝶和可爱的蜜蜂，在很多孩子眼中，本身就有着千丝万缕的联系：它们是好朋友，每年夏天都会一起出现；它们都是花朵的姐妹，为花朵跳舞，还为花朵授粉……妈妈利用这些图片，鼓励宝宝自由联想后进行特征描述，再让宝宝将它们画出来，能锻炼宝宝的联想思维，提高宝宝的绘画能力。

133

发散思维小游戏

满载梦想的小屋

6岁宝宝·会向妈妈描述自己的一个梦想

智慧妈妈
早准备

| 纸盒 | 彩纸 | 彩笔 | 剪刀 | 胶水 |

天才宝贝
玩出来

我的梦想是可以看好多童话故事

1 妈妈和宝宝坐在一起，先讨论一下各自的梦想。

2 妈妈和宝宝动手将自己的梦想写下来，记得写下日期。宝宝不会写的字可以用图画代替，或者请妈妈帮忙写下自己的梦想。

3 妈妈拿出准备好的纸盒，请宝宝来装饰这个装梦想的纸盒，让它更漂亮。

4 纸盒装饰漂亮后，妈妈和宝宝一起将记录梦想的小纸条全都放到里面去吧。

创意点拨

宝宝的梦想千奇百怪，妈妈鼓励他说出自己梦想的同时，引导他描述产生这个梦想的原因，畅想实现的可能，是宝宝进行思维发散的过程。无论宝宝的梦想是什么，妈妈都不要轻易打击。

发散思维小游戏

幸福的房子

6岁宝宝·对图画的把握能力增强

智慧妈妈早准备

铅笔

油画棒

白纸

天才宝贝玩出来

创意点拨

让宝宝随心所欲地发挥，不仅能锻炼宝宝的绘画能力，还能培养宝宝的自信心，让宝宝体验成功带来的快乐。幸福的房子没有定义、没有标准，让宝宝根据自己的体会，画一栋这样的房子，还能锻炼宝宝的想象力和创造力。

1.请宝宝画一栋幸福的房子，送给辛苦的爸爸妈妈。

2.宝宝用铅笔在纸上画房子，并给房子涂上漂亮的颜色。

3.妈妈和宝宝一起想一想，房子周围还要加上些什么图案，如：石头路。

4.宝宝展示房子图画，和妈妈一起说一说关于"幸福的房子"的故事。

发散思维小游戏

画个迷宫考考你

6岁宝宝·想象力丰富

智慧妈妈早准备

 铅笔

白纸

彩笔

天才宝贝玩出来

 **创意点拨**

告诉宝宝绘制迷宫图的基本要点后，就让宝宝自己动脑思考迷宫图的图案，让宝宝尽情发挥自己的想象力，设计出头脑中的图案。

1.妈妈告诉宝宝绘画迷宫图的两点要素：一是只有一个入口；二是只有一条路线连接入口和出口，其他线路越错综复杂越好。出口和入口用彩笔标记。

2.妈妈和宝宝各自动手画迷宫图。

3.画好后，将自己的迷宫图交给对方，比一比，看谁能最先找到对方迷宫图中连接出入口的路线。

发散思维小游戏

漂亮的房子和花园

6岁宝宝·能进行较复杂的手工制作

智慧妈妈早准备

| 积木 | 彩纸 | 皱纹纸 | 铁丝 |

天才宝贝玩出来

我们一起搭建一栋美丽的房子吧!

1 妈妈拿出准备好的材料,对宝宝说:"我们要搭建一栋漂亮的房子,房子的前面还有一个美丽的花园。"

2 宝宝用准备好的积木搭建房子，妈妈在旁边帮忙。

3 妈妈和宝宝制作花园：将铁丝扭成圆形，作为花园的围墙，然后用皱纹纸装饰花园，并用彩纸制作花园里的植物。

4 宝宝和妈妈一起欣赏这栋装饰好的房子和花园，然后鼓励宝宝给房子和花园编一个美丽的童话小故事吧。

创意点拨

用积木搭房子，是很多宝宝都玩过的游戏，可是，用彩纸来装饰房子，这个宝宝很少尝试。在游戏中，让宝宝自己搭建房子，装饰房子和花园，有助于锻炼宝宝的想象力和动手能力，对宝宝的发散思维训练很有帮助。

发散思维小游戏

可爱的小雪人

6岁宝宝·会运用多种材料工具来进行表现

智慧妈妈
早准备

面粉

盘子

豆类食物

水壶

天才宝贝
玩出来

面粉很神奇，它不仅能吃，还能做雪人。

妈妈拿出面粉，告诉宝宝要一起做一个雪人。

140

2 在面粉中加入适量的水，慢慢将面粉捏成面团。

3 妈妈和宝宝一起动手制作：用面团搓一个大圆和一个稍微小点的圆。

4 将搓好的两个圆面团连在一起，看一看，小雪人的头和身子是不是出来了。

5 宝宝自由创作：用黑豆做小雪人的眼睛、绿豆做鼻子、红豆做嘴巴……

创意点拨

轻轻、软软的面粉在宝宝的巧手之下，变成了一个可爱的小雪人，这样有趣而又富有创意的游戏活动不仅有助于宝宝理解一种事物有多种形态变化，还能在活动过程中充分发挥他的想象力和创造力。

141

联想思维小游戏

漂亮的舞蹈演员

6岁宝宝 · 韵律把握能力增强

智慧妈妈早准备

音乐CD碟片

天才宝贝玩出来

美丽的天鹅, 翩翩起舞!

播放《四小天鹅舞曲》，鼓励宝宝模仿小天鹅的动作，调动宝宝的情绪。

看我的新衣服多漂亮，哦耶！

2 "宝宝换漂亮衣服，给妈妈表演一段天鹅之舞吧。"宝宝展示新装。

3 重新播放音乐，请宝宝听音乐自编动作进行表演。如果宝宝的表演兴趣很浓，妈妈可以为宝宝举办一次家庭舞会。

创意点拨

活泼、优美的旋律不仅能激发宝宝舞动身体的兴趣，还能刺激宝宝展开丰富的想象。借助音乐鼓励宝宝自编动作，宝宝能在音乐的感染下，舞出各种动作，培养宝宝的发散性思维能力，充分发挥宝宝的舞蹈创造性能力，提高幼儿的审美能力和自学能力。如果是男宝宝可以选择一些豪迈的音乐。

逻辑思维小游戏

我能记歌词

智慧妈妈早准备

6岁宝宝能记住一些常听歌曲的歌词

培养宝宝良好的情绪

天才宝贝玩出来

1.听音乐时，妈妈提议玩一个跟歌词有关的游戏：妈妈唱出歌词的上句，宝宝接出歌词的下句，或者宝宝唱上句，妈妈接下句。

2.妈妈和宝宝开始准备歌曲，必须是双方都听过的歌曲，然后各自准备10分钟。

3.比赛开始了，妈妈和宝宝比一比，看谁记住的歌词最准确，谁记住的歌词最多。

创意点拨

宝宝每学会一首歌，妈妈都可以玩这个游戏。如果宝宝不能顺利接出下一句，妈妈可以引导宝宝自己创作，不仅能锻炼宝宝对旋律的把握能力，还能让宝宝在自己创作的过程中，发散自己的思维。

发散思维小游戏

海洋里的故事

智慧妈妈早准备

6岁宝宝会自己编一些故事情节

海洋动物的图片、彩笔、白纸

天才宝贝玩出来

1.妈妈拿出图片，和宝宝一起探讨图片中神奇的海洋生物：尖尖嘴巴的箭鱼、八只脚的章鱼……

2.为什么这些生物长相这么怪异呢？原来在很久以前，海洋里的生物都很相似，有一天，国王突发奇想，认为大家应该要不一样。于是举办了一场创意比赛……后面会发生什么故事呢，当初的国王最后又变成什么样子了呢？宝宝和妈妈想一想。

创意点拨

爸爸妈妈可以带宝宝到水族馆或海底世界玩一玩，给宝宝提供丰富想象力的原料。在故事的引导下，让宝宝畅想海底世界的神秘，鼓励宝宝大胆进行想象，有助于开发宝宝的联想思维。

发散思维小游戏

奇妙的时钟

6岁宝宝·开始能看钟表，时间概念已比较明确

智慧妈妈早准备

自制的时钟

一面镜子

天才宝贝玩出来

创意点拨

通过这个游戏，宝宝不仅能认识时间刻度，还可以让宝宝知道镜子中的影像和实景其实是相反的，发展宝宝的逆向思维和判断力。

1.和宝宝一起制作一个可以拨动时针和分针的时钟。

2.让宝宝对着镜子看，妈妈拿着自制时钟站在宝宝身后，正好对着镜子。

3.妈妈拨动时针和分针，让宝宝看镜子里时针的变化，并说出是几点钟。

4.妈妈和宝宝互换位置，让宝宝拨动时针和分针，妈妈说出是几点钟。

联想思维小游戏

气球里的小秘密

6岁宝宝·精细动作能力增强

智慧妈妈早准备

小铃铛

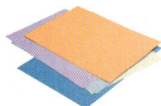

气球、打气筒

彩纸

彩带

天才宝贝玩出来

铃铛能装进气球里吗？

1 妈妈拿出准备好的气球、能发出声音的小铃铛，然后将彩纸撕成碎纸，告诉宝宝，今天要穿几个特殊的气球。

3 妈妈和宝宝用打气筒或用嘴吹气球。

2 妈妈和宝宝一起动手将撕好的碎彩纸和铃铛塞进气球中。

4 当装了彩纸或铃铛的气球充满气后,妈妈提醒宝宝:"宝宝摇一摇,有些气球会唱歌,有些气球里面会有纸片跳舞哦。"

5 妈妈和宝宝用彩带将所有充气的气球穿起来,将它们整理好挂起来。

创意点拨

宝宝发现气球里的彩纸和铃铛后,妈妈可以先引导宝宝进行联想,如:想象铃铛在气球里的样子,想一想它会不会感到很憋气,会不会觉得没有平衡感……宝宝发现问题后,妈妈还可以和宝宝一起将其他有趣的小东西放到气球里,看看气球会变成什么样子。

147

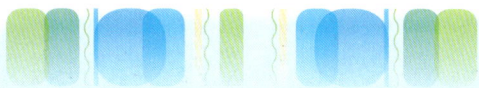

发散思维小游戏

美丽的棉签画

6岁宝宝·对美术活动感兴趣

智慧妈妈早准备

棉签若干　颜料　调色盘　铅笔　彩纸　胶棒　剪刀

天才宝贝玩出来

1 选一张颜色淡一些的彩纸，然后在彩纸上设计出花瓶的造型。

2 将画好的花瓶用剪刀剪裁下来。

3 将剪裁好的花瓶用胶棒粘贴在另一张彩纸的下方。

花瓶上应该插上许多鲜花。

4 花瓶粘贴好了，宝宝要给花瓶"插"上许多鲜花：用铅笔勾勒出花瓶里的花朵。

5 妈妈帮宝宝调好需要的颜料，让宝宝用棉签蘸着颜料给画好的花朵涂上漂亮的颜色。

6 宝宝用蘸上颜料的棉签修饰花瓶，让花瓶看起来更漂亮。

创意点拨

宝宝都知道用绘画笔能画画，但用棉签结合粘贴的方法，也能画出漂亮的画面，能帮助宝宝突破习惯的禁锢，不受经验的约束，以新的视角看待事物，形成与经验不同的思维方式，培养宝宝创新能力。

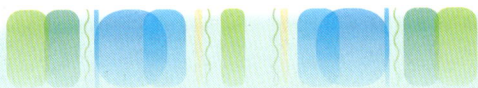

发散思维小游戏

五彩缤纷的祝福

6岁宝宝·掌握的词汇更加丰富

智慧妈妈早准备

彩纸

彩笔

天才宝贝玩出来

我想祝爸爸妈妈身体健康！

1 妈妈出示材料，对宝宝说："宝宝一定有很多祝福的话想要说，我们一起把每一条祝福都记录下来吧。"

2 请宝宝在彩纸上写下自己的祝愿。如果宝宝不会写，可以请妈妈帮忙代写下自己不会的生字。

3 宝宝在写好祝福的彩纸上添上可爱的图案，如：一颗心、一张笑脸、一束鲜花。

5 最后，宝宝将自己写满祝福的文字，画满祝福的图画的彩纸送给想要祝福的人。

4 宝宝将写好祝福的彩纸折叠好，可以是整整齐齐的四方形，也可以是其他有趣的手工图形。

创意点拨

鼓励宝宝将自己的祝福送给想要祝福或感激的人，能培养宝宝良好的品德。在思考祝福的相关话语前，宝宝还需要联系到相关的人和事，然后结合自己的创意写下祝福，能提高宝宝思维的敏捷性。

151

发散思维小游戏

美丽的蜘蛛网

6岁宝宝·能手眼协调地进行各种精细动作

智慧妈妈早准备

硬纸板

毛线

剪刀

天才宝贝玩出来

1 妈妈先在准备好的硬纸板上剪一些小洞。

2 引导宝宝想象自己是一只会结网的小蜘蛛，正结出美丽的蜘蛛网。

3 用不同颜色的毛线当做蜘蛛吐出的丝，做成一张美丽的蜘蛛网。

我们制作的蜘蛛网是不是很漂亮呀？

4 宝宝向妈妈展示自己制作的蜘蛛网，然后向妈妈说一说小蜘蛛是怎么结网的，结网是用来做什么的等。

创意点拨

用彩色的毛线"结网"，引导宝宝动脑思考，激发宝宝编出别具一格的图案，培养宝宝丰富的想象力和创造力。通过这个游戏的训练，宝宝的精细动作能力以及手眼协调能力都能得到有效的发展。

逻辑思维小游戏

雨水滴滴答

智慧妈妈早准备

6岁宝宝能用涂鸦表达自己的感受

雨衣、雨鞋、雨伞、蜡笔、画纸

天才宝贝玩出来

1. 下雨时，妈妈和宝宝在窗户旁观赏外面的场景，并鼓励宝宝描述晴朗时的世界和下雨时的世界的不同。

2. 妈妈和宝宝穿上雨衣、雨鞋、带着雨伞，去户外感受下雨的大自然。妈妈可以引导宝宝感受雨中的世界，如：听听雨滴打在雨伞上的声音。

3. 回到室内后，宝宝拿起画笔和画纸，将自己印象中的雨中世界画出来。

创意点拨

进行雨中体验时，要选择气温不太低，降雨不太强烈的时候，以免宝宝受凉感冒。大自然是培养宝宝想象力最好的场所，让宝宝感受大自然的风雨天气，然后再画出来，能开阔宝宝的视角。

发散思维小游戏

我来说故事

智慧妈妈早准备

6岁宝宝想象力丰富

一本彩色儿童画册

天才宝贝玩出来

1. 给宝宝一本彩色画册，让宝宝翻看选出自己最喜欢的一幅图画。

2. 请宝宝观察图画上的内容，并说一说图画里都有些什么人、事物在做什么等。

3. 鼓励宝宝发挥想象力，对图画上的相关人、事物进行联想，创编一个故事，并讲给妈妈听。故事的内容没有固定的答案，妈妈不要过多干涉宝宝，让他自由发挥。

创意点拨

让宝宝在观察图画内容的基础上，发挥想象力和创造力，完成创编、描述、猜测等活动。在这些活动中，一方面提高宝宝的语言表达能力；另一方面，使宝宝思维的流畅性、灵活性和逻辑性得到提高。

逻辑思维小游戏

动物冬眠

6岁宝宝·具有了解世界的好奇心和求知欲

智慧妈妈早准备

蛇

睡鼠、白熊、刺猬、蝙蝠、蜗牛、蛇等冬眠动物的图片

天才宝贝玩出来

创意点拨

这个游戏通过层层演绎、分析的方法，帮助宝宝初步了解什么是冬眠，哪些动物要冬眠，有助于培养宝宝的逻辑分析思维能力。

1.妈妈对宝宝说："冬天很冷，小动物们怎么办呢？"引导宝宝思考和回答。

2.妈妈出示图片，告诉宝宝动物可以冬眠，像睡鼠、刺猬、蜗牛、蛇等，

然后再向宝宝介绍这些冬眠动物的故事，并问宝宝还有哪些动物需要冬眠。

3.鼓励宝宝扮演这些冬眠动物，想象一下小动物们是如何冬眠的。

155

发散思维小游戏

飞翔的小纸鹤

6岁宝宝·能完成更多的精细动作

智慧妈妈早准备

| 彩纸 | 针线 | 小铃铛 | 剪刀 |

天才宝贝玩出来

1 妈妈将准备好的彩纸裁剪成正方形。

2 妈妈和宝宝一起折纸鹤，将折叠好的纸鹤放在一起。

3 将折好的纸鹤用针线从纸鹤的肚子上穿过，穿成串。在穿纸鹤时，可以让宝宝注意纸鹤颜色的顺序。

5 宝宝向妈妈展示穿好的小纸鹤。

4 鼓励宝宝想办法装饰纸鹤串，如：用彩珠或铃铛来装饰。

创意点拨

像飞鸟一样的纸鹤，是很多宝宝喜欢的折纸。这个创意手工制作活动，能锻炼宝宝的精细动作能力和手眼协调能力。鼓励宝宝想办法装饰纸鹤串，能发散宝宝的思维，想出多种办法解决问题。

联想思维小游戏

海底世界

6岁宝宝·想象力丰富

智慧妈妈早准备

油画棒

白纸

颜料、调色盘

刷子

天才宝贝玩出来

海底里有聪明的海豚，有……

1 妈妈和宝宝一起想象海底世界的样子，各自说一说海底世界都有哪些生物，然后描述这些生物的样子吧。

2 描述完后，妈妈拿出油画棒和白纸，请宝宝在纸上画出自己想象中海底世界的生物，如：海豚、鲨鱼、小虾等。

3 宝宝画好图后，再用油画棒涂上自己认为合适的颜色。

4 妈妈向宝宝提问："怎样才能让这张画看起来更像海底呢。"引导宝宝用颜料刷试一试。

5 宝宝想象一下海底世界的动物是怎样活动的，试着模仿给妈妈看看。

创意点拨

神秘的海底世界，能勾起宝宝无限的联想，八只脚的章鱼、闪闪发光的灯笼鱼……鼓励宝宝想象、描述并画出来，能锻炼宝宝的想象力。让宝宝想办法丰富图画的内容，能打开宝宝的思维。

发散思维小游戏

糖葫芦

6岁宝宝·动手能力强

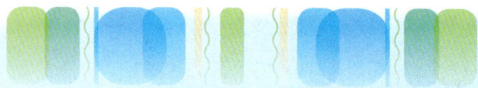

| 糖葫芦图片 | 面粉 | 筷子 | 盘子 | 水壶 |

天才宝贝
玩出来

冰糖葫芦团团圆圆连成串!

1 妈妈出示糖葫芦图片，告诉宝宝："妈妈要和宝宝一起做一串糖葫芦。"

2 妈妈将准备好的面粉兑适量水，和宝宝一起将面粉揉捏成面粉团。

3 取适量面粉团搓成大小合适的圆球形，搓好后放在盘子里，并让宝宝自己思考一串糖葫芦需要多少个圆球。

4 用筷子把搓好的糖葫芦穿起来，糖葫芦就做好了。

5 鼓励宝宝多做几串，然后和妈妈扮演买卖糖葫芦的故事。

创意点拨

妈妈还可以考考宝宝，让他进行发散性思考，想办法将白色的糖葫芦变成彩色的糖葫芦。通过这个游戏，不仅能培养宝宝的创造力，还能在揉面粉、搓面团、穿葫芦等过程中，训练宝宝的精细动作。

发散思维小游戏

小小扇子

6岁宝宝·动手能力增强

智慧妈妈早准备

| 硬纸板 | 剪刀 | 筷子 | 胶带 | 彩纸 | 彩笔 |

天才宝贝玩出来

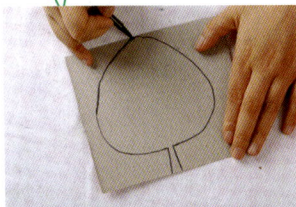

1 选择一张硬纸板，在硬纸板上画出扇子的形状。

2 用剪刀沿着画好的线条剪裁，这样，扇子的基本轮廓就出来了。

3 用胶带将筷子粘贴在剪成型的扇子上做扇柄，简单的平面扇就做好了。

4 宝宝选好一张彩纸，和妈妈一起在纸上画出漂亮的图案。

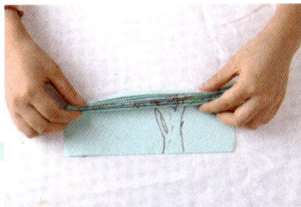

5 将画好图案的彩纸按约1厘米的宽度，反复折叠。

6 再将折叠后的彩纸两端对齐折叠，下端用胶带缠紧固定即可，漂亮的立体扇也就做好了。

小小扇子手中摇！

7 妈妈和宝宝一起试试扇子的效果如何吧。也可以想一想还能做出什么样的扇子。

创意点拨

制作扇子的方法很简单，妈妈可以利用这些简单的手工制作，发散宝宝的思维，鼓励宝宝根据扇子想出更多的手工作品，并用行动将想法表现出来，促进宝宝思维流畅性以及敏捷性的发展。

发散思维小游戏

蜡烛画画

6岁宝宝·涂鸦能力增强

智慧妈妈早准备

白色蜡烛　　　白纸　　　颜料、调色盘　　　刷子

天才宝贝玩出来

创意点拨

　　蜡和水不相溶，用蜡烛在纸上写字或画画，用颜料涂抹，无蜡的地方吸颜料，有蜡的地方沒有颜色或有零星颜料滴，字或画就出现了。

　　1.给宝宝白色蜡烛，请宝宝在白纸上画出小动物的形状，然后观察白纸上的变化：咦，白纸上什么都没有。

　　2.让宝宝用蘸上颜料的刷子在画好动物的纸上刷一刷，看有什么变化。

　　3.让宝宝再重新玩一遍。

　　4.问问宝宝为什么，鼓励宝宝自己寻找答案。

发散思维小游戏

胖嘟嘟的小圆子

6岁宝宝·可以参与妈妈的厨房活动

智慧妈妈早准备

| 糯米粉 | 盘子 | 小盆 | 白糖 |

天才宝贝玩出来

创意点拨

制作汤圆时，妈妈还可以准备一些黑芝麻粉、红糖等材料，引导宝宝发散思维，让宝宝想办法做出多种味道不同的汤圆。

1.将糯米粉装在小盆里，鼓励宝宝边往糯米粉中添水边揉捏、搅拌糯米粉。

2.将糯米粉面团揪成一小团一小团，揉搓成圆形，放入盘中。

3.妈妈将宝宝做好的糯米团放入开水中煮熟。

4.胖嘟嘟的汤圆煮好了，妈妈捞出来后，让宝宝蘸着糖尝尝看吧。

发散思维小游戏

热闹的天空

6岁宝宝·对科学知识有进一步的认识

智慧妈妈早准备

剪刀   彩纸   黑色卡纸   油画棒

天才宝贝玩出来

夜晚的天空有星星和月亮。

1 请宝宝想一想，夜晚的天空都有哪些小主人公？宝宝说出答案后，妈妈动手将这些小主人公剪裁下来。

3 夜空中挂满了漂亮的星星和月亮，会不会还有宇宙飞船和外星人呢？宝宝想一想，它们会是什么样子吧。想出后，就和妈妈一起动手画一画。

2 妈妈剪出了月亮和好多的星星，宝宝和妈妈一起动动手，将它们粘贴在黑色的卡纸上。

4 妈妈和宝宝一起欣赏这幅"热闹的天空"图，然后和宝宝编一个有关天空的故事吧。

创意点拨

有什么、是什么、为什么……天真的孩子可以用无数个可爱的答案回答你。在日常生活中，妈妈可以和宝宝多进行一些类似这样的游戏，开阔宝宝的思维，锻炼宝宝的想象力和动手能力。

逻辑思维小游戏

天上的故事

6岁宝宝喜欢童话故事

智慧妈妈早准备

不同天气的图片

天才宝贝玩出来

1.妈妈出示图片和宝宝一起观赏，引导宝宝描述不同天气的不同特征，再鼓励宝宝想象：为什么天空会有这么多变化，风雷闪电是什么原因造成的。

2.妈妈选择一张图片，和宝宝一起编一个小故事，如：龙王爷的小儿子在云朵上睡着了，突然，一朵小云飘进了他的鼻子里，小龙鼻子发痒打了一个喷嚏，所以就下雨了。其他图片也这样玩。

创意点拨

妈妈可以在尊重宝宝生长发育特点的基础上，为宝宝积累一些自然科学知识，并鼓励宝宝进行联想，用神奇的神话或童话故事来理解天气变化，让宝宝在游戏中提高联想思维能力。

发散思维小游戏

"公主"和"英雄"

6岁宝宝模仿、表现能力增强

智慧妈妈早准备

一本描写公主或英雄的故事书

天才宝贝玩出来

1.妈妈拿出准备好的故事书，给宝宝讲故事。故事讲完后，妈妈和宝宝根据故事玩游戏，如：角色扮演、续编故事。

2.如果是女宝宝，请宝宝想一想公主的样子、着装等，妈妈再帮宝宝化妆打扮；如果是男宝宝，就请宝宝说一说他认为的英雄是什么样子，有什么特征，然后和妈妈玩一场"警察和小偷"的游戏。

创意点拨

这个阶段的女孩或男孩都会有自己的"偶像"。在不威胁宝宝安全的情况下，妈妈可以让宝宝在游戏中自由发挥扮演自己的偶像，不仅仅能提高宝宝的表演能力，对宝宝想象力的锻炼也很有好处。

发散思维小游戏

圆圆的灯笼

6岁宝宝·会用纸折玩具

智慧妈妈早准备

彩纸　　　　纸折的灯笼

天才宝贝玩出来

 创意点拨

　　在折纸过程中宝宝能变化方式思考，改变角度操作，逐步形成发散性的思维方式，促进创造性的发展。可多为宝宝提供折纸的机会。

　　1.出示折好的灯笼，请宝宝观察这个灯笼是怎么做的，先让宝宝想一想。

　　2.宝宝跟妈妈学折纸灯笼：先将彩纸裁成正方形，定出它的中心点；再将正方形的四个角向中心折；接着将现在的四个角向后心折；然后再将四个角向中心折；最后翻过来，拉开上下两个角，给有洞的一头吹气，灯笼完成。

　　3.宝宝将做好的灯笼送给妈妈，让妈妈评价一下自己的劳动成果吧。

联想思维小游戏

热气球之旅

6岁宝宝·想象力丰富

智慧妈妈早准备

热气球图片

氢气球

大纸盒

天才宝贝玩出来

宝贝，热气球里装的是什么呀？

1 出示热气球图片，请宝宝观察，然后猜一猜热气球里装的东西是什么。

2 宝宝想出五花八门的答案后，妈妈告诉宝宝："这是热气球，里面充满了气体，可以飞上天空。"

3 妈妈拿出一个氢气球，将一张小纸片系在氢气球上，让宝宝观察气球带着纸片飞到天花板上的场景。

4 妈妈将氢气球系在大纸盒上，让宝宝坐在纸盒里，引导宝宝畅想一场关于热气球旅游的场景。

创意点拨

让宝宝坐在系着氢气球的大纸盒里，妈妈引导宝宝进行大胆想象：氢气球带着宝宝飞向天空，飞过流淌的河流，飞过绿草青青的草原，飞过波涛汹涌的大海……这都能促进宝宝思维流畅性的发展。

发散思维小游戏

小竹排,顺水流

6岁宝宝·能完成更多的精细动作

**智慧妈妈
早准备**

 一次性筷子若干　　毛线或麻绳　　竹排的图片　　水盆

**天才宝贝
玩出来**

小竹排,水中游。

1 妈妈和宝宝一起欣赏江南竹排顺水流的图片,引导宝宝描述图片中的风景。

2 妈妈拿出准备好的材料，和宝宝一起做一个小竹排。

3 将一次性筷子排整齐，教宝宝用绳子将一次性筷子连接起来，扎紧。

4 小竹排制作好了，宝宝再给它加上一些装饰品，让小竹排更漂亮吧。

5 将小竹排放到装满水的水盆里，看看它是不是真能在水里"顺水流"。

创意点拨

让宝宝动手制作小竹排，然后动脑给小竹排装饰，最后一起实验自己制作的小竹排是不是真能在水里"游"，或帮助小竹排在水中"游"，发散宝宝的思维，让宝宝想出多种方法，体验游戏的乐趣。

发散思维小游戏

牙刷会画画

6岁宝宝·能够进行简单的涂鸦

智慧妈妈早准备

牙刷　　　颜料　　　调色盘　　　刷子　　　白纸

天才宝贝玩出来

牙刷可以刷牙呀！

1 妈妈将准备用来作画的牙刷交给宝宝，让宝宝说一说这个用来刷牙的工具的特点。

174

2 让宝宝选择涂鸦的颜料。

3 请宝宝在调色盘中调好颜料。

6 宝宝向妈妈展示完成的作品，并向妈妈说一说图画的内容是什么。

4 宝宝拿着小刷子在白纸上涂鸦，给自己的图画构图。

5 宝宝用小牙刷涂鸦，自由作画，丰富画面。

创意点拨

宝宝学过用画笔作画，试过用自己的手指作画，但还没试过用牙刷作画，游戏结束后，妈妈就考考宝宝：还有哪些工具可以作画，引导宝宝进行发散性思考，培养宝宝主动思考的习惯。

联想思维小游戏

太阳和月亮

6岁宝宝·对大自然常见的景象有一定的认知

智慧妈妈早准备

剪刀　　　　　彩纸　　　　　彩笔

天才宝贝玩出来

 **创意点拨**

像什么、是什么、为什么……
天真的孩子可以用无数个可爱的答案
回答你：太阳和月亮是好朋友，它们
一个白天上班，一个晚上上班……

1.给宝宝彩笔，让宝宝画出不同颜色和形状的太阳和月亮。

2.宝宝画好后，再用剪刀剪下来。

3.妈妈指着太阳和月亮问宝宝，

如：太阳和月亮有什么关系；为什么太阳和月亮一个在白天，一个在夜晚……

4.宝宝回答完毕，妈妈还可以顺着宝宝回答的思路编一些小故事。

发散思维小游戏

苹果里的秘密

6岁宝宝·能辨别事物的不同特点

智慧妈妈早准备

| 苹果 | 水果刀 | 盘子 |

天才宝贝玩出来

创意点拨

横切苹果，原来果核是个五角星，是不是很意外呢？妈妈可以和宝宝再切几个苹果，看看是不是每次都是五角星，然后再竖切看看。

1.横切苹果，让宝宝看一下苹果的切面是一个什么形状或者说像什么？如：是五角星或像星星。

2.问宝宝里面的种子是怎么排列的，然后再数数一共有多少颗种子。

3.将苹果竖切，再玩一次，然后同横切的苹果放在盘中进行对比，看看有什么不同。

发散思维小游戏

溜溜气球

6岁宝宝·手指精细动作进步

**智慧妈妈
早准备**

气球

**天才宝贝
玩出来**

宝贝，给你一个好玩的溜溜气球。

1 妈妈将装满水的溜溜气球交给宝宝。

2 溜溜气球拿在手里软软的、滑溜溜的，宝宝捏一捏，猜猜里面装的是什么，是怎样装进去的。

3 宝宝猜完后，妈妈告诉宝宝答案；水可以流动，宝宝拿着溜溜气球试试，看能不能挤出不同的形状。

4 宝宝想一想，溜溜气球还可以怎么玩，如：丢沙包、涂画等，然后和妈妈一起玩一玩吧。

创意点拨

如果是在炎热的夏季，妈妈和宝宝可以多准备一些这样的溜溜气球，邀请其他小朋友到一个空旷的场地进行一场"溜溜气球大战"，不仅能锻炼宝宝的身体，还能培养宝宝在"战斗"中的应变能力。

179

发散思维小游戏

星星串

6岁宝宝·手指动作更为精细

**智慧妈妈
早准备**

| 彩纸 | 针线 | 铃铛 | 剪刀 |

**天才宝贝
玩出来**

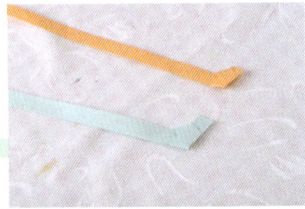

1 将准备好的彩纸和针线放到宝宝的手工桌上。

2 将彩纸剪裁成宽1厘米，长10厘米的纸条。

3 左手持短的一头，向下翻90度，从上面穿过来，穿进"又"字里，拉紧。

4 保持左手持短的部分，长的部分一层一层均匀地缠在五角星上，使它变厚。

5 把短的一点纸边用长的最后一点压住，再把剩余纸边塞进去，然后把各个角用手挤出来，星星就做好了。

小心，慢慢穿进去。

6 妈妈将制作好的一部分星星用针线穿起来，其余的星星交给宝宝，让宝宝也像妈妈一样，做一个漂亮的星星串。

创意点拨

通过这样的游戏，能锻炼宝宝的手部灵活性。装饰星星的活动可以完全交由宝宝完成，无论宝宝想出什么创意，妈妈都要给予支持，并鼓励宝宝动手用不同的方案进行装饰。

发散思维小游戏

有趣的故事串

6岁宝宝·想象力丰富

智慧妈妈早准备

逗宝宝开心，培养良好的游戏氛围

天才宝贝玩出来

创意点拨

创编故事活动是一种融思维、语言发展为一体的创造性活动，能拓展宝宝思维，引导宝宝多角度理解、表现故事内容，促进宝宝语言表达能力、想象力、创造力的发展。

1.妈妈和宝宝坐在一起聊聊天，讲讲故事，培养良好的亲子氛围。

2.妈妈和宝宝玩故事接龙，如：妈妈说"小猴子"，宝宝说"在森林里"，以此类推。

3.根据宝宝的具体表现和能力，鼓励宝宝将这几个词或短语用长句串成一个完整的故事。

发散思维小游戏

小小储蓄罐

6岁宝宝·手工制作能力增强

智慧妈妈早准备

一个小纸盒　　　彩纸　　　剪刀　　　胶水

天才宝贝玩出来

创意点拨

用废旧纸盒引导宝宝开动脑筋，进行发散思维训练，如：给储蓄罐贴上各种好看的图案或画上各种图案等，制作一个创意储蓄罐。

1.妈妈拿出一个纸盒，和宝宝一起制作储蓄罐。

2.提示宝宝剪一个投硬币的小口，然后用彩纸包装纸盒，给纸盒换个装扮。

3.鼓励宝宝给储蓄罐装饰，让储蓄罐更漂亮。

4.储蓄罐做好了，宝宝将自己的零花钱存进去吧。

发散思维小游戏

小小裁缝

6岁宝宝·能熟练使用剪刀

**智慧妈妈
早准备**

| 大人的旧衣服 | 针线 | 彩笔 | 剪刀 | 白纸 |

**天才宝贝
玩出来**

宝贝，你想要什么样的衣服呢？

1 妈妈将准备好的旧衣服拿出来，先和宝宝商量要改造成什么样的款式；商量好后，请宝宝动手画下来。

2 妈妈和宝宝一起商量要如何将旧衣服改造成图纸上的样式。

3 妈妈教宝宝如何正确使用剪刀，然后让宝宝根据设计好的图纸，用剪刀将旧衣服剪裁好。

6 宝宝试穿自己设计的新衣服，看看是不是很漂亮。

4 剪裁好后，妈妈教宝宝使用针线，然后让宝宝尝试用针线将需要缝合的地方缝好。

5 让宝宝用剩下的碎布或彩笔给衣服加工。

创意点拨

根据一些图案或一些小元素进行多角度联想，让宝宝自己设计衣服、修饰衣服，能活跃宝宝的思维，有助于提高宝宝的发散思维能力。此外，这个游戏还能训练宝宝的精细动作能力以及动手能力。

附录：3~6岁宝宝生长发育大事记

3岁1个月~3岁6个月宝宝生长发育大事记

肢体运动发展

平衡能力、协调能力增强，掌握跑步的基本要领，有些宝宝不仅能以"金鸡独立"状站立几分钟，还能跟着大一些的孩子跳1~2步的格子游戏，但是还不能跑太快，对突然拐弯或突然立定等动作还不太熟练，容易摔倒。会向上纵跳、立定跳远、翻筋头等动作。涂鸦能力增强，还能试着完成穿衣、穿袜子等活动。

语言发展

词汇量急剧增加，掌握的词汇超过300个。表达能力增强，能够用5~6个词的短句，甚至能用更多词的长句进行交谈。喜欢观察大人之间说话时使用的不同语调、动作以及表情，甚至会在说话时，刻意模仿大人说话时的手势、声音以及表情。学会用语言表达自己的情绪。喜欢听故事，在听故事过程中，有无数个"为什么"。

认知发展

好奇心极强，不仅喜欢问"为什么"，还喜欢说"为什么我要……"，关心父母的答案，喜欢将一个个问题刨根问底。看到与自己相同的玩具或衣服，会认为"这是自己的"。可能会经常和空气或植物、动物有声有色地进行交谈，这是因为此阶段孩子的思维处于"前运算阶段"，其特点是思维从具体的形象思维过渡到开始利用表象进行思维。

社交发展

社交能力有所发展，能和其他人玩一些协作类的游戏，但专注力较差，持续时间不会很长。有些孩子在看到其他小朋友时，仍会自己一个人玩，这种状况可能要到4岁。有些孩子较为内向，和其他人在一起会感觉不自在。开始慢慢理解关于礼貌原则的要求，愿意主动与别人打招呼，即使过去不喜欢和别人打招呼的孩子，也会向他人问好。

情感发展

情绪仍然变化无常，容易波动，极不稳定。自我控制能力较弱，内抑制能力较差，再加上语言调节功能发育还未完善，因此，宝宝在受到外界事物和情景等刺激时，情绪很容易爆发，说哭就哭，说笑就笑。

3岁7个月~4岁宝宝生长发育大事记

肢体运动发展

肌肉控制和集中注意力有所发展，能完成更多的精细动作，如：解开扣子、拉开拉链、穿衣穿鞋、使用餐具等。动作更加灵活，不仅能行走、蹦跳和跑动，还能倒着前行，步伐的宽度、长度、速度基本均匀，上下楼梯等动作也更加灵活。喜欢使用工具进行游戏或学习，并且熟练掌握操作这些工具的技能，如：剪刀、蜡笔等材料。能够玩一些需要大动作和精细动作相互配合的游戏，如：向前奔跑，双手向前伸展接住扔过来的大球等动作。

语言发展

表述和理解能力都有所发展，发音越来越清晰，陌生人也可以听懂他所说的大部分内容。喜欢在听歌曲时跟着节奏哼唱，忘记的歌词部分会用自己创作的"新词"替代。喜欢听妈妈讲故事，在听故事的过程中，能将自己的想象加到故事情节中，还能根据自己的理解改编故事。同一个故事听过2~3遍之后，他就能兴致勃勃地向其他人讲述故事的发展进程了。

认知发展

注意力的范围增加，无意识的注意力也逐渐向有意识的注意转化和发展，能记住周围更多的事物，能根据周围景物特征记忆某些场景，如：在妈妈的提醒记忆下，能够根据标志性的建筑或其他事物记住回家的路。记忆力范围越来越广，抽象记忆在此阶段有一定发展，如：记住父母的名字、工作单位，家里的电话号码以及住址等。

社交发展

分工和协作能力进一步加强。对礼貌用语的理解更加深刻，并且急切地想要与周围的人分享与交流。会将"谢谢""请"等常挂在嘴边，会更主动地向身边的人问好。随着抽象记忆的发展，宝宝的社交能力也进一步增强，如：讲故事、聊天的内容进一步丰富等表现。朋友在宝宝的心中，开始有最亲密和普通朋友之分，在公平、公正处理朋友间的问题上，还需要父母进一步引导。

情感发展

情绪仍然不太稳定，情绪的波动仍然容易受到周围人的影响。喜欢谁，就说谁好，就对谁好；不喜欢谁，不仅会说不好，还会用视而不见等方式表达自己的情绪；对一个人的态度就是他内心情感最真实的表达，没有丝毫的掩饰和虚假。

4岁1个月~4岁6个月宝宝生长发育大事记

肢体运动发展

无论是男孩还是女孩，这时的身体已显得比较结实，能信心十足地进行各种活动。这个阶段的宝宝身体协调性更好，在奔跑、跳跃等方面的能力已经完全具备，会短时间的单脚、双脚跳，有一些宝宝还能沿着一条直线走"独木桥"，精力也比较充沛。

语言发展

语言表达能力进一步加强，口语进步很快，一般都能清楚表达自己的想法，长短句的使用更加熟练和灵活，一般人都能听懂他表达的意思。每天可能会学4~6个新词。除了会简单地对某件事情或者事物进行描述之外，还会加很多修饰语。

认知发展

认识和辨别色彩的能力有了很大的提高。对自然和绘画的认知也有了一定的进步，如果让宝宝画一张画，宝宝会用彩笔将树叶、青草涂上绿色，将大地涂上棕褐色。记忆的范围进一步扩大，不但能记住一些直接的事情，而且还能记住一些间接的事情。4岁的孩子想象力非常丰富，他会把家中的日常用品想象成故事中、动画片中的道具，还会把自己想象成其中的人物。喜欢玩一些角色扮演的游戏，老师、医生、公共汽车的售票员都是他非常喜欢扮演的角色。

社交发展

表达能力增强，交友圈扩大，有了相对固定的兴趣爱好的朋友圈。充满自信，喜欢向所有人展示他的技能，如：唱歌、讲故事、画画、积木游戏等，希望能在展示自己技能的同时，得到对方的肯定。协作能力有所发展，喜欢游戏中有其他人参与，希望成为团队中的领导者或在游戏中能扮演保护者的角色。

情感发展

对父母仍然有强烈的依恋感，不过，这时的宝宝有了自己的朋友，在游戏时，也会喜欢找与自己同龄的小朋友玩。可能会非常友好且充满好奇地主动与成人交谈。对其他人的情绪很敏感，无论是成人还是同龄人，都希望能取悦他们。想象力丰富，男孩喜欢寻求刺激，如：喜欢玩玩具枪，扮演警察捉小偷的游戏；女孩相对文静，喜欢手工、过家家类游戏。

4岁7个月~5岁宝宝生长发育大事记

肢体运动发展

在奔跑、跳跃等方面的能力已经完全具备，有的宝宝还能在平衡木上做一些简单的动作。会按音乐做韵律操、器械操。生活自理能力增强，小手更加灵巧，能更容易做各种精细动作。有的宝宝已经可以自己刷牙，但是在动作上有可能还不够准确，只会左右刷，不会上下刷，仍需大人的指导和帮助。

语言发展

语言能力进一步加强，口语词汇也有很大的进步，除了名词、动词、形容词外，对于表示各种关系的词，如：副词、连接词、前置词等也开始逐步掌握和运用。语言表达的方式多样，喜欢唱歌、讲故事、玩文字游戏，也爱问问题，但语言表达的逻辑性以及与别人对话的技巧还要提高。这个时候的父母，在鼓励孩子说的时候，更要注意引导孩子学会倾听。

认知发展

开始学习写字，能够临摹圆形、方形等图形，可能会把汉字左右偏旁写颠倒，字母b、d、p、q也会很容易混淆。能进行10以内的加减法计算；能拼摆、组合、添画图形。记忆带有很大的无意性，只有对感兴趣的、印象鲜明强烈的事物才能比较容易记住。对音乐的节奏感和领悟力有了很大的提高。

社交发展

4岁半以后的宝宝有时会为了表现自己或其他某种心理，而做出某些富有攻击性的事情，如：行动上的打架，语言上的讥讽、嘲弄等，此时，父母的教育和引导对孩子很有必要。这个阶段的宝宝会逐渐停止竞争，并学会一起玩耍时相互合作，能够以文明的方式提出要求，而不是胡闹或尖叫。

情感发展

有了一定的是非观，大人曾告诉过的事情，什么是好的，是可以做的，什么是坏的，是不能做的，基本上能牢记并且会主动地落实在实际生活中。女孩心思会比较细腻，父母灌输的这些是非观会记得更牢一些；男孩心思相对较粗，可能需要多次的重复才能记住。自我意识很强，很有主见，急于表达的同时，更希望得到别人的认同。

5岁1个月~5岁6个月宝宝生长发育大事记

肢体运动发展

能很好地控制身体的各个部位，手脚灵活，能够参与较以前更为剧烈的运动，并且不太容易摔跤。能在一条直线上走，可以在稍长的持续时间内进行单足跳、跳绳、跳舞等活动。能通过练习在奔跑中接住球，甚至是传球等活动。能自己系紧鞋带；借助针线，能把洞比较小的珠子穿起来。

语言发展

喜欢模仿大人的语气。能够清楚表达自己的需要和要求，有强烈的语言表达意愿。喜欢向父母描述自己所见所闻的每一件事，在描述的过程中，能够很好地用一些形容词和动词，如："小狗睡觉时好可爱"，甚至会用肢体动作模仿，绘声绘色地进行表演。

认知发展

能够有意识、有目的地观察周围事物的不同和变化，开始有了梦想的概念，并能以此为激励作为努力的动力。能够按照活动的安排或父母提出的要求来进行活动。开始理解现实与虚幻，能知道一年中12个月的名称和一周中每一天的名称。有了时间的概念，开始能看钟表。

社交发展

对周围的人都很友好，会主动关心周围需要帮助的人。喜欢和朋友在一起，愿意和同一个或更多的小朋友一起进行游戏，尤其喜欢角色扮演等游戏。在游戏中，他们能自己设计游戏情节，分配游戏扮演的各个角色，能自己解决或共同讨论游戏中会出现的问题，喜欢竞争，渴望胜利。能理解分享和等待等社交原则，能够在活动中遵守规则，自制力和忍耐力有所提高。

情感发展

乐于助人，擅于动脑筋，对周围的事物显得很有热情。通常都显得很快乐，开始用一些幽默、有趣的语言表达自己的想法。对周围人的情绪变化较为敏感，内心世界也越来越复杂，喜怒哀乐等比较细腻的情感也发达起来。

5岁7个月~6岁宝宝生长发育大事记

肢体运动发展

精力充沛，肢体运动功能进一步完善，每天至少需要半个小时到1个小时的体育活动。能完成生活中常用的大部分精细动作。喜欢涂鸦，不但可以用笔在纸上画出大概轮廓，还能用颜料笔或颜料在勾勒的线条内涂上颜色。有些孩子已经开始学习某种乐器，如：钢琴、小提琴等，能够掌握所学乐器的基本演奏方法。

语言发展

理解能力增强，在成人的正确引导下，能够发清全部语音，能听懂一些较为复杂的句子。能够掌握表示概念的词汇以及表示因果关系的连接词，语言的连续性有所加强。乐于向家人或朋友讲述身边发生的或自己发现的每一件事。不仅能够比较完整地复述自己所熟悉的某一个故事，还能在故事中添加一些原先没有的情节，甚至自己可以新创出一个故事。

认知发展

记忆的持久性有了进一步的发展，在记住近期事件的同时，还能记住一些很久以前印象比较深刻的事情，但记忆的准确性还比较差。对自然知识和虚幻知识的认识进一步加深，但有时仍然会混淆。抽象思维逻辑开始发展，能掌握一些较抽象、概括性强的概念，如：食物、植物、工具等。因果关系的理解进一步加强，对事物的逻辑性也有了一定的推断和理解能力。

社交发展

学会通过改变自己的行为来使朋友满意，使老师高兴，能在集体活动中遵守一定的规范。社交和社会认识能力增强，能通过一定的观察，在大脑中进行分析和总结：知道工人是做工的，农民是种田的，商人是做买卖的。因果关系的认知增强，知道自己的行为会带来什么样的结果，如：和朋友打架后，知道老师和父母会批评他。

情感发展

道德感、审美感以及情绪的控制力和稳定性也进一步增强。开始区分自己和别人的观点，学会考虑他人的态度和思想，能够设身处地地为他人着想。自觉性相对增强，具备一定控制或调节自己行为和情绪的能力，冲动性的行为相对减少。能使自己的行动服从父母或老师的要求，在服从要求时，还能调节自己的情绪。

图书在版编目（CIP）数据

培养3～6岁宝宝创意思维的亲子益智游戏 / 陈洁主编.—沈阳：辽宁科学技术出版社，2012.3
ISBN 978-7-5381-7360-4

Ⅰ.①培… Ⅱ.①陈… Ⅲ.①智力游戏-学前教育-教学参考资料 Ⅳ.①G613.7

中国版本图书馆CIP数据核字(2012)第020423号

策划制作：深圳市读创文化传播有限公司（0755-29450009）
总 策 划：蒋雪梅

出版发行：辽宁科学技术出版社
　　　　　（地址：沈阳市和平区十一纬路29号　邮编：110003）
印 刷 者：深圳市新视线印务有限公司
经 销 者：各地新华书店
幅面尺寸：185mm×210mm
印　　张：8
字　　数：50千字
出版时间：2012年3月第1版
印刷时间：2012年3月第1次印刷
责任编辑：宋秋菊　读　创
美术编辑：廖　俊
封面设计：徐秋萍
责任校对：合　力

书号：ISBN 978-7-5381-7360-4
定价：28.00元
联系电话：024-23284376
邮购热线：024-23284502
E-mail:lnkjc@126.com
本书网址：www.lnkj.cn/uri.sh/7360

本书独立授权：

深圳市读创文化传播有限公司
Shenzhen readgen culture communication Co.,LTD.